和谐校园文化建设读本

西方谋略家格言录

XIFANGMOULUEJIAGEYANLU

杨 莹/编写

吉林教育出版社

图书在版编目(CIP)数据

西方谋略家格言录 / 杨莹编写. — 长春：吉林教育出版社，2012.6（2018.2重印）
（和谐校园文化建设读本）
ISBN 978－7－5383－8774－2

Ⅰ. ①西… Ⅱ. ①杨… Ⅲ. ①谋略－格言－中国－青年读物②谋略－格言－中国－少年读物 Ⅳ. ①C934－49

中国版本图书馆 CIP 数据核字(2012)第 117735 号

西方谋略家格言录		杨 莹 编写
策划编辑 刘 军　　潘宏竹		
责任编辑 尹曾花		**装帧设计** 王洪义
出版	吉林教育出版社(长春市同志街 1991 号　邮编 130021)	
发行	吉林教育出版社	
印刷	北京一鑫印务有限责任公司	
开本	710 毫米×1000 毫米　1/16　　13 印张	**字数** 165 千字
版次	2012 年 6 月第 1 版　2018 年 2 月第 2 次印刷	
书号	ISBN 978－7－5383－8774－2	
定价	39.80 元	

编　委　会

主　　编：王世斌

执行主编：王保华

编委会成员：尹英俊　尹曾花　付晓霞
　　　　　　刘　军　刘桂琴　刘　静
　　　　　　张　瑜　庞　博　姜　磊
　　　　　　潘宏竹
　　　　　　（按姓氏笔画排序）

总　序

千秋基业，教育为本；源浚流畅，本固枝荣。

什么是校园文化？所谓"文化"是人类所创造的精神财富的总和，如文学、艺术、教育、科学等。而"校园文化"是人类所创造的一切精神财富在校园中的集中体现。"和谐校园文化建设"，贵在和谐，重在建设。

建设和谐的校园文化，就是要改变僵化死板的教学模式，要引导学生走出教室，走进自然，了解社会，感悟人生，逐步读懂人生、自然、社会这三部天书。

深化教育改革，加快教育发展，构建和谐校园文化，"路漫漫其修远兮"，奋斗正未有穷期。和谐校园文化建设的研究课题重大，意义重要，内涵丰富，是教育工作的一个永恒主题。和谐校园文化建设的实施方向正确，重点突出，是教育思想的根本转变和教育运行机制的全面更新。

我们出版的这套《和谐校园文化建设读本》，全书既有理论上的阐释，又有实践中的总结；既有学科领域的有益探索，又有教学管理方面的经验提炼；既有声情并茂的童年感悟，又有惟妙惟肖的机智幽默；既有古代哲人的至理名言，又有现代大师的谆谆教诲；既有自然科学各个领域的有趣知识，又有社会科学各个方面的启迪与感悟。笔触所及，涵盖了家庭教育、学校教育和社会教育的各个侧面以及教育教学工作的各个环节，全书立意深邃，观念新异，内容翔实，切合实际。

我们深信：广大中小学师生经过不平凡的奋斗历程，必将沐浴着时代的春风，吸吮着改革的甘露，认真地总结过去，正确地审视现在，科学地规划未来，以崭新的姿态向和谐校园文化建设的更高目标迈进。

让和谐校园文化之花灿然怒放！

本书编委会

目 录

战争观篇

一、战争与人类

在幸福消失的地方，恶魔将会大大成长。

〔意〕彼特拉克：引自《中世纪世界史教学参考书》

国家强大的主要基础是它的人（对于进攻和防御来说，人们的智慧和勇敢比大炮、兵器和堡垒更有重大意义）。

〔意〕苏连诺：《中世纪史文献》第 3 卷

战争状态是一种敌对的和毁灭的状态。

〔英〕洛克：《政论论》下篇

战争是蒙着一层阴影的科学，在这样的阴影之下，人们每走一步都如履薄冰，如临深渊。陈规和偏见是这一科学的基础，这是无知的自然结果。

〔法〕萨克森：引自《战争艺术概论》

遵守严格的正义规则，就要求使非正义战争的始作俑者受到相应的惩罚，并保证曾经遭受他的进攻的人们在未来得到安全。

〔法〕伏泰尔：《万国公法》

如果纪律有放松，就能产生野蛮行为。

〔法〕萨克森：引自《近代战略的标志》

在战争中，威力和欺骗是两大美德。

〔英〕霍布斯：《利维坦》第1部分第8章

在战争中，我们收回了我们的正义感和同情感，并且让非正义和敌意来取代它们。

〔英〕休谟：《随笔及论文集》第2卷

自从战争成了必要的灾难以来，就得以荣誉或利益为动力，去激励一部分人冒最大的艰险以保存整个民族。

〔法〕摩莱里：《自然法典》

最残酷的野兽都不曾……整个种类集结起来去消灭另一个种类，而现在两个民族大量的人群布满边界，带着盲目的激情互相交锋，彼此冲杀。

〔法〕摩莱里：《自然法典》

战争是唯一适宜于野兽的活动，然而任何一种野兽都不像人那样频繁地进行战争。

〔英〕莫尔：《乌托邦》

一个永远在进行战争的民族，一个以战争为政府统治原则的民族，必然会或是自己毁灭，或是战胜所有其他的民族。

〔法〕孟德斯鸠：《罗马盛衰原因论》

在征服者与被征服民族之间的关系上，除非被征服民族完全恢复了自由，自愿选择它的征服者作自己的首领，他们二者便永远处于战争状态。

〔法〕卢梭：《论人类不平等的起源和基础》

野蛮的部落和文明的社会，都同样地进行对外自卫和对内合作——对外对抗和对内友好。所以，它们的成员也就需要有两种不同的感情和观念，以适应这两种不同的活动。

〔英〕斯宾塞尔：《伦理学原理》

经常地对外怀着敌意的生活，会引出一种准则，即主张侵略、征服和复仇，而使和平的合作遭到拒绝。

〔英〕斯宾塞尔：《伦理学原理》

团体精神、荣誉和劲头，在颠覆性环境中竟使世界上最令人厌恶的事情——屠杀，成为高尚的事情。

〔法〕孔西得朗：《社会命运》第2卷

人血是不应该为可疑的行动而流的。

〔英〕葛德文：《政治正义论》第2、3卷

除非是由于自己内部的分裂或者堕落而先被出卖，一个民族大概从来不会在自己的家门口被人征服。

〔英〕葛德文：《政治正义论》第2、3卷

工业大国之间的战争无异互相自杀。认为战争是生意经的旧观念实乃荒谬可笑。战争已经变成一种疯狂的抢劫行为——自己抢自己的家。

〔波〕布洛克：引自《战争指导》

军事活动绝对不是仅涉及物质因素，它总是还同时涉及使物质具有生命力的精神力量，因此，把两者分开是不可能的。

〔德〕克劳塞维茨：《战争论》第 1 卷

一个民族，只有它的民族性格和战争锻炼在不断地相互促进，才能指望在世界政治舞台上占有巩固的地位。

〔德〕克劳塞维茨：《战争论》第 1 卷

除了通过战争，而且是依靠胆量进行的战争以外，几乎再没有其他途径可以培养一个民族的大胆精神了。

〔德〕克劳塞维茨：《战争论》第 1 卷

巨大的精神力量，有时像真正的酵素似的渗透在战争的各个要素中，因而在一定的情况下统帅能够利用它们来增强自己的力量。

〔德〕克劳塞维茨：《战争论》第 2 卷

人口的多少不起决定性作用，因为在民众战争中很少会发生缺少人员的情况。

〔德〕克劳塞维茨：《战争论》第 2 卷

战争是迫使敌人服从我们意志的一种暴力行动。

〔德〕克劳塞维茨：《战争论》第 1 卷

人与人之间的斗争本来就包含敌对感情和敌对意图这两种不同的要素。

〔德〕克劳塞维茨：《战争论》第 1 卷

即使是最文明的民族，相互间也可能燃起强烈的仇恨感。

〔德〕克劳塞维茨：《战争论》第 1 卷

文明程度的提高丝毫没有妨碍或改变战争概念所固有的消灭敌人的倾向。

〔德〕克劳塞维茨：《战争论》第 1 卷

解除敌人武装或打垮敌人，不论说法如何，必须始终是战争行为的目标。

〔德〕克劳塞维茨：《战争论》第 1 卷

战争并不是活的力量对死的物质的行动，它总是两股活的力量之间的冲突，因为一方绝对的忍受就不能成为战争。

〔德〕克劳塞维茨：《战争论》第 1 卷

现代战争是全民对全民的战争，不是国王打国王，不是一支军队打另一支军队，而是一个民族对另一个民族作战。

〔德〕克劳塞维茨：《克劳塞维茨传》

军人的勇敢不同于普通人的勇敢，普通人的勇敢是一种天赋的品质，而军人的勇敢也可以通过锻炼和训练培养出来。

〔德〕克劳塞维茨：《战争论》第 1 卷

战争是一种特殊的事业，它与人类生活的其他各种活动是不同的。

〔德〕克劳塞维茨：《战争论》第 1 卷

战争本身只是一种悲惨的和不愉快的事业，这种事业对升级所提供的机会是微乎其微的。

〔法〕德萨米：《公有法典》

如果胜利没有同复兴的思想联系起来，那么，年轻一代很快就只会用悲惨的眼光来看待胜利本身了……

〔法〕德萨米：《公有法典》

军队在不停地进行破坏，并且当人们进行创造性的活动来对抗它的狂暴时，它就用鲜血染满大地，大量消灭人类。

〔法〕德萨米：《公有法典》

如果一个国家的人民义愤填膺，准备不惜一切牺牲，而且又有强大邻国从人力物力上给予支援，那么对这样的国家进行入侵就是非常困难的。

〔瑞士〕若米尼：《战争艺术概论》

只有是全民参加的战争，或者至少是在全民中精神振奋而决心捍卫自己独立的、占大多数的人参加的战争，才能称为人民战争。在这种战争中，每占领一寸土地，都必须经过战斗。

〔瑞士〕若米尼：《战争艺术概论》

历史证明，最富的民族不一定是最强大的和最幸福的。

〔瑞士〕若米尼：《战争艺术概论》

在山地国家中，当战争具有民族战争的性质，人民为神圣事业而奋起英勇抵抗的时候，对于防御就特别有利。

〔瑞士〕若米尼：《战争艺术概论》

战争只能使强者更大胆；战争鼓励下流人去抢劫和压迫手无寸铁的弱者；战争产生英雄，也产生怯懦的窃贼。

〔德〕菲希特：引自《克劳塞维茨传》

一个民族必须自尊，不容许存在让别国民众蔑视的措施。

〔德〕格奈泽瑙：引自《克劳塞维茨传》

没有任何一种方法比民众起义能把一个国家的力量发挥得如此令人胆寒。无论最强大的敌人有多少人马，城乡遍地都将有比它更多的民众与之对抗。

〔德〕格奈泽瑙：引自《克劳塞维茨传》

一个民族在世界上不是孤零零的，它的前途将由它对其他民族和强国的力量对比，而非由它的纯粹内部安排来决定。

〔德〕斯宾格勒：《西方的没落》

什么是善，善就是勇敢。我并不是说，善是神圣战争的原因，而是说，善的战争圣化了每一个原因。

〔德〕尼采：《尼采》

只要两人相遇，冲突就是不可避免的。

〔意〕杜黑：《制空权》

世界大战是一个巨大的悲剧，整个世界成为战场，人类成为其中的角色。

〔意〕杜黑：《制空权》

各国首脑通常从人民中为自己的军队收集物资，用它进行战争这场大赌博，赌注常常就是人民本身的命运。

〔意〕杜黑：《制空权》

世界大战必然具有两个民族联盟之间以其全部能力、全部资源、全部信念进行的巨大生死斗争的特点。

〔意〕杜黑：《制空权》

一个为生死而战的人，为了保存生命有权使用一切手段。战争手段不能区分为人道不人道。

〔意〕杜黑：《制空权》

只有当一个民族及其每个成员都确信进行战争是为了维持民族生存时，他们才会全力以赴地支援战争。

〔德〕鲁登道夫：《总体战争》

原始人类的最危险的敌人，是他们自己的同类。今天，人类的敌人仍是人类本身。

〔英〕富勒：《战争指导》

战争，这不是别的东西，而是人类集中力量进行斗争的一种形式，是人类反对其周围环境的一种斗争。

〔英〕利德尔·哈特：《战略论》

战争是人类所能参加的最壮观的竞赛。战争会造就英雄豪杰，会荡涤一切污泥浊水。

〔美〕巴顿：引自《巴顿将军》

战争这个病症，是没有简易疗法的。

〔美〕鲍德温：《明天的战略》

在公理和正义必然战胜的世界上，一个自由而爱好和平的国家是有恃无恐的。

〔美〕肯尼迪：《和平战略》

作为社会现象的战争能够盛行的原因是一般人认定整个社会都会怀有战争引起的仇恨和激动心情，但只有少数人在最不幸的情况下才会丧失性命。

〔美〕布罗迪：《导弹时代的战略》

人类文明虽然建立在和平协作之上，但也为政治暴力带来诱惑。

〔美〕奥沙利文：《战争地理学》

二、战争与政治

改变制度是不安全的。

〔古希腊〕珂尔基比阿德斯：

《外国历史名人传》古代部分上册

在一种民主制度下受贫穷，也比在专制统治下享受所谓幸福好，正如自由比受奴役好一样。

〔古希腊〕德谟克利特：《外国历史名人传》古代部分上册

战争是各国人民的自然状态，因而战争是必然的不可避免的。

〔古希腊〕柏拉图：引自《论资产阶级军事科学》

什么是正义？正义就是帮助朋友，伤害敌人。

〔古希腊〕柏拉图：《理想国篇》第 1 卷

对于必须战争的人们，战争是正义的；当除了拿起武器以外就毫无希望的时候，武器是神圣的。

〔古罗马〕李维：《罗马史》第 9 卷

一旦正义成为尘世的最大威力，世界就有最良好的秩序。

〔意〕但丁：《论世界帝国》

只要国家的权力是基于维护而不是侵犯人民公益，那么发动战争的原因，要么是为了援助盟部，要么是维护本身的权力。

〔古罗马〕西塞罗：引自《论世界常国》

一旦我不再以新的荣耀和新的胜利来滋养我的权力，我的权力就会丧失。

〔法〕拿破仑：引自《大国的兴衰》

每个人在他还有希望达到目的时，都应该尽量致力于和平；只有不可能达到和平目的时，他才可以寻求和利用其他的手段。

〔英〕霍布斯：《利维坦》

作为战争最初动机的政治目的，既成为衡量战争行为应达到何种目标的尺度，又成为衡量应使用多少力量的尺度。但是政治目的不能单独地成为这种尺度，它必须同双方国家联系起来才能成为这种尺度。

〔德〕克劳塞维茨：《战争论》第 1 卷

社会共同体（整个民族）的战争，特别是文明民族的战争，总是在某种政治形势下产生的，而且只能是某种政治动机引起的。

〔德〕克劳塞维茨：《战争论》第 1 卷

政治贯穿在整个战争行为中，在战争中起作用的各种力量所允许的范围内对战争不断发生影响。

〔德〕克劳塞维茨：《战争论》第 1 卷

战争不仅是一种政治行为，而且是一种真正的政治工具，是政治交往的继续，是政治交往通过另一种手段的实现。

〔德〕克劳塞维茨：《战争论》第 1 卷

政治意图是目的，战争是手段，没有目的的手段永远是不可想象的。

〔德〕克劳塞维茨：《战争论》第 1 卷

要使整个战争或者我们称之为战局的战争中的大规模军事行动达到光辉的目标，就必须对较高的国家关系有远大的见解，在这里军事和政治就合而为一，统帅也就成为政治家。

〔德〕克劳塞维茨：《战争论》第 1 卷

战争就其意义来说只是一种比较强硬的外交，是一种比较有力的谋求谈判的方式，在这里会战和围攻是重要的外交文书。

〔德〕克劳塞维茨：《战争论》第 3 卷

决不能使战争离开政治交往。如果离开政治交往来考察战争，那么，就会割断构成关系的一切线索，而且会得到一种毫无意义和毫无目的的东西。

〔德〕克劳塞维茨：《战争论》第 3 卷

既然战争从属于政治，那么，战争就会带有政治所具有的特性。政治越是宏伟而有力，战争也就越宏伟而有力，甚至可能达到其绝对形态的高度。

〔德〕克劳塞维茨：《战争论》第 3 卷

我们首先应该根据由政治因素和政治关系产生的战争的特点和主要轮廓的概然性来认识每次战争。

〔德〕克劳塞维茨：《战争论》第 3 卷

军事艺术在它最高的领域内就成了政治，当然不是写外交文书的政治，而是打仗的政治。

〔德〕克劳塞维茨：《战争论》第 3 卷

尽管今天的军事非常复杂，而且有了很大的发展，战争的主要轮廓仍始终是由政府决定的，用专门的术语来说，只是由政治当局，而不是由军事当局决定的。

〔德〕克劳塞维茨：《战争论》第 3 卷

战争是一种必需的坏事。

〔法〕孔西得朗：《社会命运》第 1 卷

未来的革命，将是由文明制度使之处于半野蛮状态的粗鲁的人群，为争取实际的权利和生活的利益而发动的。它纯粹是有产者和无产者之间的一场战争。这场战争将集所有一切其他战争之大成。

〔法〕孔西得朗：《社会命运》第 1 卷

如果我们宣布一切为维持均势而进行的战争都是非正义的，我们是不大会犯错误的。

〔英〕葛德文：《政治正义论》第 2、3 卷

第一，除去纯粹的自卫战争以外，没有任何战争是正义的；第二，已经开始的战争，一旦其追求的目的稍有变化，真正义性质也会跟着变化。

〔英〕葛德文：《政治正义论》第 2、3 卷

国际间的妥协永不会具有法律效力，战争是所有解决纷争手段中最好最快的一种。

〔德〕卡尔·毛奇：《德国参谋本部》

最正确的战争，将是为了恢复不可争议的权利而进行的，能使国家获得与牺牲和冒险相当的真正利益的战争。

〔瑞士〕若米尼：《战争艺术概论》

事实上，除了在政治和战争之间有着深刻的内在联系以外，为了准备战争，几乎所有的战局中，都有些军事行动往往是为了达到某种政治目的。

〔瑞士〕若米尼：《战争艺术概论》

政治利用战争来达到其目的，它对战争的开始和结束起决定性的影响。

〔德〕卡尔·毛奇：引自《外军资料》第 1233 期

在政治面前，战争艺术的任务和权利主要是，防止政治要求作违犯战争规律的事情，防止政治由于对工具的作用的无知而在使用这种工具过程中犯错误。

〔德〕卡尔·毛奇：引自《外军资料》第 1233 期

近代战争已经成为一种国家的生意经。

〔德〕高尔兹：引自《战争指导》

战争的前途——不是战斗，而是饥荒，不是杀人，而是国家的破产和整个社会组织的崩溃。

〔波〕布洛克：引自《战争指导》

一小撮侵入广阔的土地的人，总是被血统的呼声，被追求高级命运的渴望所驱使的。

〔德〕斯宾格勒：《西方的没落》

如果说对作战机器有什么需要的话，那就是要靠它来强制推行国家的政策。一个国家如不能强制推行它的政策，就不能维护它的主权。

〔美〕索普：《理论后勤学》

战争和政治服务于维持民族生存，而战争则是民族生存意志的最高表现。因此，政治必须服务于战争。

〔德〕鲁登道夫：《总体战争》

战争之本质变更，政治之本质亦变更。则政治对于作战之关系因之亦变。

〔德〕鲁登道夫：《全民族战争论》

战争是两个基本相互对立的意志的冲突。一方企图占有地球的一部分，另一方与之对立。力图反对这种占领，必要时使用武力。结果就是战争。

〔意〕杜黑：《制空权》

战略的目的是以武力而不是以文字来维护一种政治主张。这通常以作战来实现，其真正的目的不是摧毁物质力量，而是在精神上压倒敌人。

〔英〕富勒：《装甲战》

战争可分为两大类：具有有限政治目的的战争和具有无限政治目的的战争。只有第一种战争给胜利者带来利益，而决非第二种。

〔英〕富勒：《战争指导》

一个国家决不会是为了战争而发动战争，必然是为了追求某种政治目的而进行战争。

〔英〕利德尔·哈特：《战略论》

一个国家如果真的把自己的力量消耗干净，那么它本身的政治也就会随之而破产。

〔英〕利德尔·哈特：《战略论》

战争是一种违反理性的行为，是在谈判不能取得满意结果时使用武力解决问题的一种手段。

〔英〕利德尔·哈特：《战略论》

随着科学发明创造的不断涌现，战争力量的毁灭性现已到了改变传统战争概念的程度。

〔美〕麦克阿瑟：引自《麦克阿瑟》

由于现代技术已经排斥了把一般战争当作实现政策的合理手段，所以，除非在一个国家处于极端危急的情况下，或者除非它的存亡攸关的利益受到威胁时，或者此种冲突是在许多国家的旗号下进行的时候，现代的多方介入的政治已使有限战争不能成为实现政策的手段。

〔美〕：乔丹：《20世纪70年代国家安全发生的问题》

所有国家必须决心摒弃以武力作为政策的最后手段。如果他们不准备这样做，他们将自取灭亡。

52名诺贝尔奖金获得者签署的梅瑙宣言：引自《大战略》

军事结论往往必须受到政治考虑的制约。

〔美〕柯林斯：《大战略》

战争只不过是各主权国家的武装力量相互将自己的意志强加给对方而发生的有组织的冲突。

〔美〕奥斯古德：《有限战争》

政治第一原则（指政治目的高于军事手段）的一个重要的推理可称为节约用兵。它规定，在把军队当作国家政策的一个工具使用时，不应该使用比达到指定目标所需要的更多的兵力；或者换句话说，使用军事力量的尺度应当与处于危险中的政治目标的价值相等。

〔美〕奥斯古德：引自《美国军事战略与政策史》

战争与其说是外交政策的目的，倒不如说是一种工具，也就是借以获得权力和势力的一种手段，提出某国的主张和增进某国的利益的一种手段。

〔美〕肯尼迪：《和平战略》

人类的安全感是一切政治中的一个极为重要的方面。

〔联邦德国〕施密特：《均势战略》

战争是国家或者国家集团为实现自己的意志而进行的斗争。

〔日〕原田稔：引自《外军资料》第 1111 期

革命战争的目标始终是政治性的目标。

〔英〕汤普森：引自《军事战略》

在革命战争中，收拾混乱局面和消除矛盾是战争的一个组成部分，而不是打赢之后才处理的事情。

〔英〕汤普森：引自《军事战略》

革命战争的焦点不是瓜分领土，不是在政府中争夺席位，也不是比较公平地分配财富和土地，……革命战争是一场争夺政权的斗争，是一个由谁掌握国家未来命运的问题。

〔英〕汤普森：引自《军事战略》

有限战争基本上是一个政治行为。它的显著特点就是不能用"纯"

军事的方法解决。

〔美〕基辛格：《核武器与对外政策》

三、战争与经济

谁最经得起战争，这就得看谁的钱袋最充足，而不在谁的剑最长。

〔英〕笛福：《笛福文选》

应把财政状况同决定战争胜负的其他军事因素等同看待。

〔瑞士〕若米尼：《战争艺术概论》

从军事力量的天平上来看，钢铁至少是和黄金一样重。……要使一个国家具有最强大的国力，并能经受长期战争，就必须要有英明的军事制度、爱国精神、大量财富和社会信用。

〔瑞士〕若米尼：《战争艺术概论》

一个在某一段时期完全依靠工业和商业的不断发展来维持生存的国家，是不能够进行这种战争的。……如果维持几百万人的军队需要几十亿元，则持久的消耗战是行不通的。

〔德〕施利芬：引自《现代战略决策者》

未来的战争，决不仅是军队一方的事业，而是全民族为生存而献身的神圣使命。决定战争结局的，并不是战场上光辉的胜利，而是交战国双方物质与精神消长的比率。

〔德〕高尔兹：引自《德国参谋本部》

战争已经工业化，因而战前的训练和战争的准备也变成了商业那样的活动，而且规模庞大，涉及众多的部门。

〔美〕索普：《理论后勤学》

每一次战争的教训，都突出了商业性因素的重要性。

〔美〕索普：《理论后勤学》

工人作好战争准备之日，才是战争准备工作完成之时。

〔美〕索普：《理论后勤学》

在现代战争中，交战国家在资源动员方面的竞争空前激烈，看来只有最能经济地使用其资源的一方，也就是谁最能从其资源的耗费中获得最大效果，最善于选择最经济的武器等等，谁才能赢得战争。

〔美〕索普：《理论后勘学》

在经济范围内言之，武力与民族两方亦非合而为有力之一体不可。主持全体性政治与全体性作战计划者，即在平时早应对于此点明白之认识。

〔德〕鲁登道夫：《全民族战争论》

作战国家苟能在其军队所保护之本国之内，自行产生各种生活品及原料品，则人民与军队之地位自较优胜，而全体性战争之指挥易，全体性政治之施行亦易。

〔德〕鲁登道夫：《全民族战争论》

现今的社会组织形式已经使战争带有一种全民特性，即国家全体居民和全部资源都被吸入战争熔炉中。

〔意〕杜黑：《制空权》

即使是最富有的国家，它能用于国防的资源也不是无限的。

〔意〕杜黑：《制空权》

军队的职能是作为交战国家的消耗代理人。各国将其资源变成战争手段不时送往前线消耗掉。……直到一方物质上和精神上完全衰竭，不再能补充它的消耗为止。

〔意〕杜黑：《制空权》

军事家必须了解国家的经济潜力有多大，不能多也不能少，而国家必须先生活，而后再武装。

〔意〕杜黑：《制空权》

在未来，战争主要是对城市的非武装居民和巨大的工业中心进行的。

〔意〕杜黑：《制空权》

每一种战争准备都必须与国家的经济潜力相称。提倡一国的军事努力不应照顾到国家的预算，而总预算应符合各种军事需要。

〔意〕巴斯蒂科：引自《制空权》

今天促使战争发生的原因是经济因素，因为我们现时的文明主要体现在经济上，而其核心是机器。

〔英〕富勒：《装甲战》

由于工业是机械化的基础，因此，将来只有工业国家才能成功地进行有组织的战争。……缺乏工业制造能力和机动车辆的国家将无力抗击外国的入侵。

〔英〕富勒：《装甲战》

由于机器控制着社会生活，它最终也将控制军事思想。

〔英〕富勒：《装甲战》

由于强大的运输体系以及高度地有组织、有效率的政府系统使得交战国有可能以比以往可能动员的大得多的比例动员国家资源并把它们集中到有组织的军队中去。

〔美〕康格：《经济形态之估计》

作战的事业是一个要求精神和物质相互统一的整体。

〔法〕戴高乐：《战争回忆录》第 2 卷

一个国家结束战争时有剩余的装备，这个国家就可能是取得胜利的国家。

〔美〕沃森：《参谋长：战前的计划与准备》

任何国家，即使是最富有的国家，也经受不住在一场生死存亡的斗争中盲目行动。

〔美〕吴之理：引自《大战略》

由于现代化战争的胜利取决于公路、铁路、卡车、舰艇、飞机、坦克，以及从蚊帐和自动步枪到氧气面罩和导弹等各种武器装备的质量和数量，因而各国之间的实力竞争在很大程度上已变成更大、更好和更多的武器装备的竞争。

〔美〕摩根索：引自《大战略》

防务对经济资源的需求是巨大的。

〔美〕柯林斯：《大战略》

一个民族国家的力量并不仅仅存在于其武装部队，而且存在于其经济和技术资源。

〔英〕巴尼特：《大国的兴衰》

战争本身就是国家之间的争论用物质手段所作的继续，而它的目标就是使敌人对对方的意志留下深刻的印象。

〔美〕米切尔：引自《美国军事战略与政策史》

战略空中力量本身就是一个赢得战争的武器，它有能力在离战线很远的后方进行决定性的打击从而摧毁敌人从事战争的能力。

〔美〕阿诺德：引自《美国军事战略与政策史》

国防要有强大的经济力量作后盾，因为经济必须提供足够的国防经费。如果我们的生产力发展缓慢，或者我们的再生产能力受到削弱，那么未来用于国防的经费就会减少。

〔美〕布罗迪：《导弹时代的战略》

总体持久战争，是综合地全面地运用军事力量和各种非军事力量的国防力量的战争。……这种战争不同于武力战争，它没有平时和战时之别，也没有和平与战争之分，须经过很长时期胜败才能见分晓。

〔日〕原田稔：引自《外军资料》第1111期

经济力量对其他国防力量的形成，尤其是对军事力量的形成关系重大。

〔日〕原田稔：引自《外军资料》第1111期

现代战争要求把整个国力转化成战争力量，并使之为国防服务。

〔日〕原田稔：引自《外军资料》第 1111 期

一个国家如果处于可能导致世界大战的战区时，其工业基础对维持国家进行战争是至关重要的，正是这种国家工业基础限制着大多数国家对霸权的争夺。

〔美〕奥沙利文：《战争地理学》

虽然火箭核武器已将地球变成各向同性球体，使各种测地线变成长程圆，使地面的环境条件无关紧要，但是，唯一的真正的胜利在于对人民、对领土的控制，这依然没有变。

〔美〕奥沙利文：《战争地理学》

战略是指选择适当的时间和适当的地点作战，而战术是指在特定的地理环境中最合理地使用现有的力量去完成战略目标和规定的任务。战术与战场上正确部署人员和武器有关，战略则与选择战场的顺序有关。想要取胜，就必须处理好两者的关系。

〔美〕奥沙利文：《战争地理学》

现代战争的胜利不仅决定于军事学术，而且还决定于国家的经济能力，决定于经济资源和人力资源动员的速度，因为已配置在前线的一切，都不能维持很长的时间。

〔英〕蒙哥马利：引自《论资产阶级军事科学》

四、战争与和平

我们必须立即走上这条道路，那就是世界和平的道路，以求达到我们全部工作的最终目的。

〔意〕但丁：《论世界帝国》

如果为不断指控蛮横的暴行敞开了门，那么，只有到某一方完全被摧毁，刀才能入鞘。

〔法〕伏泰尔：《万国公法》

你们要么去赢得和平，要么去买得和平。要赢得和平就得抵制邪恶；要买得和平就得与邪恶妥协。

〔英〕罗斯金：引自《福特言论选集》

在和平时期，各国之间应该多做一些对彼此有益的事情。在战时，要尽量少伤害他人的利益，并且要以不伤害他人的真正利益为原则。

〔法〕孟德斯鸠：引自《欧洲的重建：塔列朗与维也纳会议》

与其用金钱来购买和平，那倒不如冒险进行一次不幸的战争反而好些。

〔法〕孟德斯鸠：《罗马盛衰原因论》

当和平能够给予他足够多的利益时，他是决不宣战的。

〔法〕孟德斯鸠：《罗马盛衰原因论》

力图扩大领土、征服或慑服邻邦、在技术或军事方面超过它们，乃是建立在偏见和错误上的一种愿望。

〔英〕葛德文：《政治正义论》第2、3卷

使人们倾向于和平的激情是对死亡的畏惧，对舒适生活所必需的事物的欲望，以及通过自己的勤劳取得这一切的希望。

〔英〕霍布斯：《利维坦》

既然想打仗，就必须准备和平。

〔法〕孔西得朗：《社会命运》第 1 卷

常备军必须逐渐地并彻底地予以废除，因为它不断地以战争威胁着其他国家。由于经常备战，使得这些国家无止无休地进行军备竞赛，不断扩充武装人员的数量。

〔德〕康德：引自《克劳塞维茨传》

我劝告你们不要和平，而要胜利……只有战争才使一切事业变得神圣。战争和勇气所做出的丰功伟绩，大大超过慈悲。

〔德〕尼采：引自《第三帝国的兴亡》

走向全世界和平的道路在于使战争手段日臻完善。只有使人们不敢发动战争，和平才能到来。

〔美〕索普：《理论后勤学》

当一个人为了和平与自卫的目的认为必要时，会自愿放弃这种对一切事物的权利；而在对他人的自由权方面，满足于相当于自己让他人对自己所具有的自由权利。

〔英〕霍布斯：《利维坦》

任何战争，即使是胜利的战争，对于民族来说都不是幸运的事。但是，事实上战争是不可避免的，甚至帝王也无能为力。

〔德〕卡尔·毛奇：《德国参谋本部》

永久和平是一个梦想，甚至不是一个美梦。战争乃是上帝为世界安排的一个节目。

〔德〕卡尔·毛奇：《德国参谋本部》

文明的进步，将使这最后权宜手段的战争，不再频频发生，但是没有一个国家完全放弃战争。

〔德〕：卡尔·毛奇：《德国参谋本部》

军人的地位在日益下降，而经济学家的地位在逐渐上升。那是毫无疑问的。人类已经进步，不再认为战争是潜在的上诉法庭。

〔波〕布洛克：引自《战争指导》

作战的最终目标是歼灭敌人这种有害的信条，在理论上否定了战争的真正目的，即建立更加美好的和平生活。

〔英〕富勒：《装甲战》

……战争的真正目的是和平而不是胜利。因此，和平应该是政策中的主要思想，胜利只不过是为达到这种目的的手段。

〔英〕富勒：《战争指导》

战争的合法目标是更加完善的和平。

〔美〕谢尔曼：引自《战争指导》

战争的有限目的一旦实现，战争也就能够通过温和的和平方法来结束。

〔英〕富勒：《战争指导》

战争的目的，尽管只从自己一个方面的观点来看，也是想要在战后获得一个比较好的和平状态。因此，即令在进行战争的时候，也要经常想到你所需要的和平条件。

〔英〕利德尔·哈特：《战略论》

如果你把全部力量都集中起来，不顾一切地去追求胜利，而不考虑战争的后果，那么你必然会使自己过分地精疲力竭，并在尔后的和平中得不到好处。而且，这样在战后建立起来的和平，必然是极不稳定的，甚至马上又蕴育着新战争的胚胎。

〔英〕利德尔·哈特：《战略论》

和平，双方都因再无其他出路而缔造的和平，或者双方承认彼此还有实力的和平，比起那种已经两败俱伤之后而达到的和平来，实在要好得多。这也常常就是战后持久和平的基础。

〔英〕利德尔·哈特：《战略论》

为了维护和平而去冒战争的危险，这是具有理智的；为了求得胜利而不惜在战争中经常消耗的威胁，那是违背理智的。

〔英〕利德尔·哈特：《战略论》

只有看到和平的前景将来可以补偿人们在战争中所遭受的损失和痛苦时，战争才可以继续打下去。

〔英〕利德尔·哈特：《战略论》

如果所有的国家都完全同意不再保有和使用足以进攻取胜的武器，防御工事自然就会变成坚不可摧，而各国的边疆和独立也就会得到保障。

〔美〕罗斯福：《罗斯福选集》

世界和平乃是避免卷入战争的唯一最终保障。

〔美〕罗斯福：《罗斯福选集》

博爱从家里开始，和平亦然。

〔美〕罗斯福：《罗斯福选集》

只要地球上存在战争，即使是最热爱和平的国家，也有被拖入战争的某种危险。

〔美〕罗斯福：《罗斯福选集》

靠恐惧维系和平并不比靠刀剑维系和平更崇高和更能持久。

〔美〕罗斯福：《罗斯福选集》

抵抗赤裸裸的武力，只能依靠赤裸裸的武力。

〔美〕罗斯福：《罗斯福选集》

如果我们以为我们敌人军队的投降就会造成我们渴望的和平，我们就是自己哄骗自己。

〔美〕罗斯福：《罗斯福选集》

防止战争唯一可靠的途径是任何地方都不发生战争，正如要使自己的房子不被焚毁，唯一稳妥办法是采取有效措施防止一切火灾一样。

〔美〕奥尔德姆：引自《罗斯福选集》

胜利的朝阳将是和平的朝阳，这种和平将给世界上每一个民族和每一个人以生活在自由和安垒中的机会。

〔法〕戴高乐：《战争回忆录》第 1 卷

战争不是起源于单单一种原因。和平乃是许多力量之间的平衡。

〔美〕赖特：《战争的研究》第 2 卷

我们不要欺骗自己，我们必须在世界和平与世界毁灭之间作出抉择。

〔美〕巴鲁克：引自《大战略》

不能消灭侵略和不能进行有效的合作，就意味着完全像二十世纪三十年代那样产生希特勒、墨索里尼和裕仁的独裁专横行动。

〔美〕艾森豪威尔：《远征欧陆》

正义与持久的和平不能只由外交上的协议或军事上的合作来获致。经验告诉我们，经济上的竞争和社会上的不公平是如何深深地播下了战争的种子。

〔美〕杜鲁门：《杜鲁门回忆录》第 1 卷

维护和平是一项艰巨的事业，需要经常保持警惕和努力，防止利益矛盾的双方不致破坏和平。

〔美〕杜鲁门：《杜鲁门回忆录》第 1 卷

我们必须记住，国家之间的敌对状态是自古有之的。历史表明，敌对的国家可以在世界上和平共存。

〔美〕杜鲁门：《杜鲁门回忆录》第 2 卷

和平是各国之间的正常关系；侵略则是一种直接而明显的反常现象。

〔美〕肯尼迪：《和平战略》

战争万一引起政治上的冒险或者造成过大的损失时，政治家们常常能使它停止。

〔美〕布罗迪：《导弹时代的战略》

军队无权决定战争与和平问题，也不应该希望有这种权力。

〔美〕布罗迪：《导弹时代的战略》

和平比战争好，不仅因为它容易为人们所接受，而且因为它容易为人们所预测。因此，能制止战争的计划和政策在各方面都比能赢得战争胜利的计划和政策要好得多。

〔美〕布罗迪：《导弹时代的战略》

唯有和平才能使我们的世界更为安全。而只有在安全的基础上才能使和平得以进展。

〔联邦德国〕勃兰特：引自《均势战略》

明天的和平取决于对谋求均势的必要性的认识，取决于随着这一认识而必然产生的后果；和平既取决于对其他国家利益的关注，同样地也取决于实现一个公平的妥协的普遍愿望。

〔联邦德国〕施密特：《均势战略》

五、战争与胜负

英明的君主……宁可依靠自己的军队打败，而不愿依靠他人的武力制胜，因为他并不认为用他人的军队赢得的胜利是真正的胜利。

〔意〕马基雅维里：《君主论》

决定战争胜负的首先是实力。

〔法〕孟德斯鸠：《罗马盛衰原因论》

即使经过光荣的血战仍丧失了自由，也可以保证民族复兴，它是生命的种子，会扎下更扎实的根，长出新的树。

〔德〕克劳塞维茨：《克势塞维茨传》

胜利的最简单和最明显的特征是，我们在会战结束时，占领在会战开始时由敌占领、且敌在或多或少遭受打击的情况下予以放弃的地盘。

〔德〕卡尔·毛奇：引自《外军资料》第 1233 期

战争的结局必须建立在摧毁一国人民的物质和精神力量上。

〔意〕杜黑：《制空权》

战争目的是胜利，但也应当以最小的代价获得最大的成果。

〔意〕杜黑：《制空权》

粉碎敌人抵抗即能赢得战争胜利，而在其最弱点上直接攻击这种抵抗能更容易、更迅速、更经济、又流血较少地做到这一点。

〔意〕杜黑：《制空权》

如果胜利者处在不能利用他的胜利的状况下，胜利就不是决定性的，而只是一种暂时的优势。

〔意〕杜黑：《制空权》

人类的意志会超越物质之上的。一个国家只要它的精神足够坚强，能支持它的反击的意志，它就可以顶住敌人强加的压力。但是面临无法忍受的情况，精神抵抗力会瓦解，结果将迫使一国去接受危害较小的结局。

〔意〕杜黑：《制空权》

在战争中，决定胜负是协调使用现有各种武器的结果，它等于每种武器所获结果的总和。要想协调使用所有的武器，各组成部分应协调地结合在一起；胜利的秘密就在于取得各组成部分正确的比例。

〔意〕巴斯蒂科：引自《制空权》

在军事上取得了胜利，它本身并不等于达到了政治上的目的。

〔英〕利德尔·哈特：《战略论》

所谓胜利，其真正的含义应该是在战后获得巩固的和平，人民的物质生活状况比战前有所改善。要想获得这样的胜利，办法可能是两条：或者速战速决，迅速取得战果，或者进行持久战，但要根据国家资源情况节约使用兵力。

〔英〕利德尔·哈特：《战略论》

战争的最终结果是由野战军在战场上的交战中取得的。

〔美〕比奇洛：《主要从美国的战役看战略的原则》

只有获得胜利，祖国才能生存，只有崇拜祖国的伟大，才能有坚韧不拔的毅力。

〔法〕戴高乐：《战争回忆录》第 1 卷

胜利的大小决定于战争的规模。

〔法〕戴高乐：《战争回忆录》第 3 卷

一个民族不管它如何坚决和强大，不管它统治其他民族的狂妄野心因一时得逞而取得如何巨大的成就，但是，结局必定失败。

　　　　　　　　　　　　〔法〕戴高乐：《战争回忆录》第 3 卷

　　我们的目的是什么？我可以用一句话来回答：赢得胜利——不惜一切代价去赢得胜利；不畏艰险去赢得胜利，不管道路多么漫长和艰难还是要去赢得胜利，因为没有胜利就没有生存。

　　　　　　　　　　　　　〔英〕丘吉尔：引自《大战略》

　　一个国家完全依仗实力、技术和智谋，就能得到它想得到的东西，也就能保住它已占有的东西。

　　　　　　　　　　　　　〔美〕谢林：引自《大战略》

　　如果一个国家的军队对国家的幸福和个人与整体关系缺乏简明的和共同的理解，那么取得胜利的代价肯定要增加，胜利本身也将遭到严重危害。

　　　　　　　　　　　　　〔美〕艾森豪威尔：《远征欧陆》

　　应该记住胜利的代价是艰苦奋战。不管运用什么计谋，最终还是要正面交战。

　　　　　　　　　　〔美〕詹金斯：引自《美国军事战略与政策史》

　　胜利有正确的，也有错误的，正好像有的战争为的是正义，而有的则从任何角度来看都是错误的。

　　　　　　　　　　　〔美〕杜鲁门：《杜鲁门回忆录》第 2 卷

胜利终将属于国民收入最高、全国总产值最高和生活水平最高的国家。

〔美〕肯尼迪：《和平战略》

赢得战争胜利是以国家领土、特别是国家的人民少受破坏与损失为先决条件的。

〔美〕布罗迪：《导弹时代的战略》

胜利是没有其他代替品的。

〔美〕麦克阿瑟：引自《导弹时代的战略》

很少见到有十分危险的侵略者让自己的对手仅仅在两种结局之间进行选择：战胜，或者死亡。现实情况往往是中间色调的，缺乏明显的线条。

〔法〕贝托：引自《外军资料》第 1036 期

在原子战争中，谁也不要指望获得真正的胜利，也可能有胜利者，但留给他的只是一堆瓦砾废墟。

〔美〕威尔逊：引自《美国新闻与世界报道》1956 年 7 月 13 日

我们在原子武器和热核武器、导弹以及弹道火箭的改进道路上前进得愈远，就愈加清楚地表明了热战将是竞争者双方的彼此自杀。

〔英〕蒙哥马利：引自《美国新闻与世界报道》1954 年 12 月 17 日

战争规律篇

一、军事科学

世界上没有比军事科学更难的科学了。

〔英〕劳埃德：引自《论资产阶级军事科学》

军事学术是一门实干的艺术，所以一切复杂的机动都必须抛弃，简便是良好机动的首要条件。

〔法〕拿破仑：《拿破仑选集》

军事科学是一种能使所有可以预见到的幸运有利于自己的艺术，不过这种艺术并不能适用于变化无常的命运。

〔瑞士〕若米尼：《战争艺术概论》

军事科学是研究战略和战术或关于为了社会利益和荣誉而利用国家的力量来巩固和捍卫社会的科学。

〔德〕比洛：引自《论资产阶级军事科学》

人们几乎不可能将战略理论称之为是一种科学；战略理论的价值

几乎全在于实际运用。要准确地掌握瞬息万变的情况，并继而以坚定而慎重的态度去做最简单和最自然的事情。这样，战争就成了艺术，但是，是一种多种科学都为之服务的艺术。

〔德〕卡尔·毛奇：引自《外军资料》第 1233 期

研究战争的人总是依靠过去的经验去准备未来，这将与现实发生冲突。战争理论只能在真正的战争中检验。

〔意〕杜黑：《制空权》

战争的指导，就像医生给病人看病一样，是一门艺术。医生的目的是为了预防和治疗人们的疾病，减轻疾病给人体带来的痛苦，政治家和军人的目的，则是预防、治疗和减缓国际"身体"上的"疾病"——即战争。

〔美〕富勒：《战争指导》

研究未来军事学说，必须首先记住军事学说的改变是不可避免的，不能像过去一样运用旧学说的原则。不要迷信不变的原则。因为迷信会使思想停滞，形成公式主义。

〔美〕斯密特：《美国军事学说》

战略学是人类科学中一门最古老的科学，同时，也是发展得最慢的一门科学。

〔美〕布罗迪：《导弹时代的战略》

军事工作是一项专业工作，要想搞好这项工作，必须首先熟练地掌握专门的工具、技巧与组织才能，而这一切都是军外的学者难以掌握的。

〔美〕布罗迪：《导弹时代的战略》

军事学说是进行战争的一些概念和原则，这些概念和原则得到官方人士的充分支持，各军事学校用来进行教学和研究，并且得到了各高级司令部的承认。

〔美〕史密斯：《美国军事学说》

为了使科学成为军事强国的基础，它就必须比在和平的国家里在更大的程度上受战争的约束。

〔美〕芬勒特：引自《论资产阶级军事科学》

二、战争规律

在人类的事业中，特别是在战争中命运是一种强大的力量，常"因一点"偶然性就发生巨大的变化。

〔古罗马〕恺撒：《尤利乌斯·恺撒笔录》

不了解敌人的意图而要抵御一切突然袭击，或者给所有居民提供保护是不可能的。

〔美〕华盛顿：引自《美国军事战略与政策史》

没有突然袭击做保障就不发动进攻。

〔法〕古西林：引自《战略论》

一旦进行战争，就不要相信任何的偶然性，而应该在将道的领域内发挥技能，达到完美的标准。

〔法〕高多尼：《高多尼回忆录》

允许失败的军队进行撤退是很明智的。

〔法〕高多尼：《高多尼回忆录》

在战争中，人不算什么，只有一个人是全体的代表。

〔法〕拿破仑：《拿破仑书信集》第 17 卷

战争全由偶然事件构成；主将虽应把握一般原则，但仍须密切注意这些偶然事件；这正是天才的表征。

〔法〕拿破仑：《拿破仑兵法语录》

一切作战原则均非绝对而不容有例外。

〔法〕拿破仑：《拿破仑兵法语录》

在战争中只有一个有利时机；能抓住此时机，就是天才。

〔法〕拿破仑：《拿破仑兵法语录》

作战规律告诉我们，一部分的军队应避免与已经胜利的一支完全军队单独作战。

〔法〕拿破仑：《拿破仑兵法语录》

把生力军留作作战以后之用的主将，几乎一定是战败的。他应倾其所有投入战争；因为到了完全胜利之后，他前途便不再有障碍了；单是声势即能替征服者保证新的胜利。

〔法〕拿破仑：《拿破仑兵法语录》

无论在一场战斗或整个战役过程中，被围部队所能作的降约，其中有利条件总是对于签约者个人的，而苛刻条件则系为君主及其他军队而设。自己避免危险，而使军队其余部分陷于更大险境，是一种懦怯行为。

〔法〕拿破仑：《拿破仑兵法语录》

防御战并不排斥攻击，攻击战亦不排斥防御，虽然其目的是在突破边界，侵入边境。

〔法〕拿破仑：《拿破仑兵法语录》

野战工事永远有用而无害，只要对它有充分了解。

〔法〕拿破仑：《拿破仑兵法语录》

只要是能容两个人落脚的地方，一支军队就能于一年中的任何季节向那里行进。

〔法〕拿破仑：《拿破仑兵法语录》

战斗组织不能单从地形条件来决定，而应考虑到一切环境。

〔法〕拿破仑：《拿破仑兵法语录》

所有的伟大将领，都是遵照了兵法的规律及自然原则而完成伟大功绩的；那就是说，他们能巧妙地配合运用，使手段与结果、努力与障碍，均得到合理的平衡。无论他们执行的胆力及成功的程度如何，他们之成功总是由此而来。他们总把战争当作一种真正的科学。

〔法〕拿破仑：《拿破仑兵法语录》

海军战术的第一原则是：当司令官发出信号准备攻击时，每一舰长均应采取必要动作，以攻击敌舰，参加战斗，并与友舰相呼应。

〔法〕拿破仑：《拿破仑兵法语录》

率领舰队的海将与率军队的陆将，他们所需才能两不相同。统率陆军所应有的才能是天生的，统率舰队所必要的才能则仅从经验得来。

〔法〕拿破仑：《拿破仑兵法语录》

陆战的技术是一种天才和灵感的技术，海上则事事固定，是一个经验的问题。

〔法〕拿破仑：《拿破仑兵法语录》

作战计划要预测敌人所能为之一切，并规定打破他的各种手段于其中。

〔法〕拿破仑：《拿破仑兵法语录》

这可以定为一个原则：如以两支或三支军队攻入敌国，而每一支军队有其独自的行动路线，向一个预定之点会师，则各军会师之处决不可使其接近敌军。因为敌人如集中他的力量，不但可以阻止各军的会合，并可以个别击破各军。

〔法〕拿破仑：《拿破仑兵法语录》

一切战争都应当系统化，因为每一战争都当有一个目的，并应当循兵法的原理与法则而进行。担任作战的力量必须与预计中的障碍之强度相应。

〔法〕拿破仑：《拿破仑兵法语录》

一个主将每天之内应时常反躬自问：如果敌军突然在我的前方右侧或左侧出现，我应当怎么办？假如他感觉窘迫，他的布置一定不好；他一定有不对的地方，他必须改正他的错误。

〔法〕拿破仑：《拿破仑兵法语录》

一个军队的力量，和力学里面的动力一样，是依于速度乘重量来计算的。迅速的进军，对于军队发生有利的精神影响，而增加其制胜之资。

〔法〕拿破仑：《拿破仑兵法语录》

一个军队应该只有一条单一的战线，并应尽力保持之，非迫于危险的遭遇不轻易放弃。

〔法〕拿破仑：《拿破仑兵法语录》

有一句确切不移的作战格言，便是不要做你的敌人所愿望的任何事——理由极简单，就因为敌人如此愿望。

〔法〕拿破仑：《拿破仑兵法语录》

平庸的将领处于不利阵地，若被优势敌军所袭，便在退却中找安全，但伟大的司令官则表现最大的坚定，勇往以迎敌。

〔法〕拿破仑：《拿破仑兵法语录》

有才能的人总是利用一切时机，而不肯放过任何可以增加成功的可能性；而比较笨拙的人却往往"在拟制大量计划时由于轻视或忽略良机而输个精光……利用良机对于庸才来说从来都是一个秘密，而这正是比一般水平高出一等之人的主要力量所在"。

〔法〕拿破仑：《战争评论》

物质暴力的充分使用决不排斥智慧同时发挥作用。

〔德〕克劳塞维茨：《战争论》第 1 卷

战争的结局决不是绝对的。

〔德〕克劳塞维茨：《战争论》第 1 卷

在兵力对比完全相等的地方不可能取得任何良好的战果。

〔奥〕卡尔：引自《论资产阶级军事科学》

整个战争不受严格的内在必然性规律的支配。

〔德〕克劳塞维茨：《战争论》第 1 卷

战争中产生的一切效果都必然来源于斗争，这一点始终是战争这个概念所固有的。

〔德〕克劳塞维茨：《战争论》第 1 卷

战争是充满偶然性的领域。人类的任何活动都不像战争那样给偶然性这个不速之客留有这样广阔的活动天地。

〔德〕克劳塞维茨：《战争论》第 1 卷

在战争中一切都很简单，但是就连最简单的事情也是困难的。

〔德〕克劳塞维茨：《战争论》第 1 卷

斗争决定武器和装备，武器装备又改变斗争的形式，因此两者之间是有相互作用的。

〔德〕克劳塞维茨：《战争论》第 1 卷

一切军事活动都必然在危险中进行，正像鸟必然在空中飞翔，鱼必然在水里游动一样。

〔德〕克劳塞维茨：《战争论》第 1 卷

企图为军事艺术建立一套死板的理论，好像搭起一套脚手架那样来保证指挥官到处都有依据，这是根本不可能的。

〔德〕克劳塞维茨：《战争论》第 1 卷

军事活动的效果，越是体现在物质领域，困难就越小，越是体现在精神领域，成为意志的动力，困难就越大。

〔德〕克劳塞维茨：《战争论》第 1 卷

战争中所需要的知识是很简单的，它只涉及很少的问题，而且只掌握这些问题的最后结论就行了，但是运用这些知识却不那么容易。

〔德〕克劳塞维茨：《战争论》第 1 卷

战争同技术或艺术的根本区别在于：战争这种意志活动既不像技术那样，只处理死的对象，也不像艺术那样，处理的是人的精神和感性这一类活的，但却是被动的、任人摆布的对象，它处理的既是活的又是有反应的现象。

〔德〕克劳塞维茨：《战争论》第 1 卷

像世界上其他活动一样，在战争中组成整体的一切都是彼此联系着的，因此每一个原因，即使是很小的原因，它的结果也会对整个行动的结局发生影响，都会使最后的结果有所改变。

〔德〕克劳塞维茨：《战争论》第 1 卷

一切行动都是或多或少以出敌不意为基础的。

〔德〕克劳塞维茨：《战争论》第 1 卷

战争是方向相反的两个力量的碰撞，从这里自然会得出结论。较强的一方不但可以抵消对方的力量，而且还可以迫使对方作反方向的运动。因此，在战争中根本不容许陆续（逐次）发挥力量的运用，同时使用规定用于一次碰撞的全部力量必须看作是基本法则。

〔德〕克劳塞维茨：《战争论》第 1 卷

极有利于取得胜利的只有三个因素：出敌不意、地利和多面攻击。

〔德〕克劳塞维茨：《战争论》第 2 卷

产生战争因而也形成战争的基础的总的关系也决定着战争的特点。

〔德〕克劳塞维茨：《战争论》第 2 卷

任何一种武装抵抗，只要不是直接的和简单的抵抗，要提高效果就必须牺牲安全。

〔德〕克劳塞维茨：《战争论》第 2 卷

从战争的角度来看，所谓敌国是什么？首先是它的军队，其次是它的国土。

〔德〕克劳塞维茨：《战争论》第 2 卷

由于战争的动机和产生战争的条件不同，战争必然是各不相同的。

〔德〕克劳塞维茨：《战争论》第 1 卷

胜利的标志是敌人退出战场。

〔德〕克劳塞维茨：《战争论》第 3 卷

攻击和消灭敌人的本能是战争的真正要素。

〔德〕克劳塞维茨：《战争论》第 3 卷

出于征服欲望而进行的入侵战争，并不总是最不利的战争。

〔瑞士〕若米尼：《战争艺术概论》

罗马人有一条著名的古训，那就是千万不要同时进行两个大规模的战争。

〔瑞士〕若米尼：《战争艺术概论》

必须尽量避免两线作战的战争，而如果一旦发生这种战争，则最好先对邻国中的一个敌国采取克制忍辱态度，到适当时机再报仇雪耻。

〔瑞士〕若米尼：《战争艺术概论》

在战略上，战局的目的决定着作战目标。

〔瑞士〕若米尼：《战争艺术概论》

要使自己按照几何规律作战，这就可能意味着给最伟大统帅的天才套上枷锁，意味着听从过分的学究气左右。

〔瑞士〕若米尼：《战争艺术概论》

我的全部著作都是为了证明，战略原理是永远不变的，并且为了说明，所有作战，若想合乎艺术取胜，就必须运用这些基本原理。

〔瑞士〕若米尼：《战争艺术概论》

当一个山脉纵横的国家将成为两军作战的主要战区时，一切战略上的安排，都不能以平原作战的原则为依据。

〔瑞士〕若米尼：《战争艺术概论》

只有战术加上勇气、天才和幸运，才能取胜。

〔瑞士〕若米尼：《战争艺术概论》

谁握有主动权，谁就处于极大的优势。

〔瑞士〕若米尼：《战争艺术概论》

渡河本身是一种战术性的行动；但是决定渡河点的问题，却又与整个战争区的大规模军事行动密切相关。

〔瑞士〕若米尼：《战争艺术概论》

在所有战争艺术的理论中，唯一合理的科学，就是以研究战史为基础的理论。这种理论虽具有一定数量的规律性原理，但却可使一个最伟大的天才，在对于战争的一般指导中，能有最大的自由，而不受一些固执的规则所束缚。

〔瑞士〕若米尼：《战争艺术概论》

既然应该利用一切机会出其不意地袭击敌人，同样也应该采取一切必要措施预防敌人突然袭击。

〔瑞士〕若米尼：《战争艺术概论》

对进攻来说，好的部署应当具有机动性、坚忍性和攻击力；而对防御来说，首先是坚忍性，同时要有最大可能的火力。

〔瑞士〕若米尼：《战争艺术概论》

战略原理本身的基础，就是通过发挥机动性和快速性的方法取得优势，以便能逐次把自己的主力只投向敌军战线的几个部分。

〔瑞士〕若米尼：《战争艺术概论》

胜利将取决于根据大战术原则实施的最巧妙的机动，而这些大战术原则就是：善于把握有利时机，把自己的主力用到战场上能决定胜利的要点上；并且指挥三个兵种同时为促成胜利而协调一致行动。

〔瑞士〕若米尼：《战争艺术概论》

在一开始集结军队时所犯的错误，在战局的整个过程中都几乎不再能得到纠正，因此，对军队的这种行动，要提前很长时间进行考虑，以使其准确无误地导致所期望的结果。

〔德〕卡尔·毛奇：《现代战略决策者》

没有一个作战计划能在与敌主力的第一次交锋之后仍完全适用。只有外行才会相信，在战局进行过程中，可以有一个事先订好的、面面俱到的、一成不变的实施计划，并能将它贯彻始终。

〔德〕卡尔·毛奇：引自《外军资料》第 1233 期

今天的战争的特点是，谋求大规模的和快速的决战。军队补给困难、武器价格昂贵、贸易和交通的中断，以及陆军组织的敏捷和易于集结，这一切要求迅速结束战争。

〔德〕卡尔·毛奇：引自《外军资料》第 1233 期

我们的战略必须是进攻性的，战术是防御性的。

〔德〕卡尔·毛奇：引自《外军资料》第 1233 期

在战争中除特殊情况以外即无其他任何东西。任何事件都有其个性，而且任何事件也都不会自动重演。

〔法〕福煦：《迪·皮卡和福煦：法国学派》

近代战争之全部意义，即在根本粉碎敌军及敌人之中心势力。

〔法〕福煦：《战争论》

战术之作用，即在根据歼灭敌人之精神法则与物质法则，而努力于理论上指导此会战。

〔法〕福煦：《战争论》

胜利对那些能预见战争特性变化的人微笑，而不是向那些等待变化后才去适应的人微笑。

〔意〕杜黑：《制空权》

为了保证国防，一个国家所做的一切都应为着一个目标，即在一旦发生战争时掌握最有效的手段夺取制空权。

〔意〕杜黑：《制空权》

在这个战争样式迅速变动的时代，谁敢于先走新路，谁就能取得新战争手段克服旧的带来的无可估量的利益。

〔意〕杜黑：《制空权》

自从人类开始交战，战争都是以不同级别的具有相同特性的相同手段进行的。

〔意〕杜黑：《制空权》

空中战争的基本原则就是：要在准备承受敌人的空中进攻的同时对敌人进行最大可能的进攻。

〔意〕杜黑：《制空权》

谁若不能控制敌方天空，也就不能控制自己的天空。

〔意〕杜黑：《制空权》

在准备战争时必须时时考虑到最不利的情况：从可能的盟国处得到的援助应先打个折扣达到最少；相反，可能的敌人的力量却应估计达到其最大值。

〔意〕巴斯蒂科：引自《制空权》

在战争中，拘泥于教条使军队蒙受的损失、伤亡和战斗失利情况比其他任何原因造成的损失更为严重。

〔英〕富勒：《装甲战》

当双方都是机械化部队时，突然性、机动和集中兵力兵器攻击目标等原则将起主要作用，进而运用安全、协调进攻等原则，以取得节约兵力的效果。

〔英〕富勒：《装甲战》

作战原则并不随着武器性质的变化而变化；发生变化的是与武器威力有关的战争的条件。

〔英〕富勒：《装甲战》

作战艺术有赖于进攻和防御之紧密结合，犹如建筑大厦少不了砖和水泥一样。由于防御是不甚壮观的作战形式，往往被人忽视，和平时期尤其如此。

〔英〕富勒：《装甲战》

在战争过程中，情况是瞬息万变的。因此，军事政策决不可以硬化而丧失弹性。

〔英〕利德尔·哈特：《战略论》

在战争中，每一个问题和每一条原则，都像铜钱一样，有它的两个侧面。

〔英〕利德尔·哈特：《战略论》

为了保证夺取某一个目标，必须同时威胁对方的几个目标。

〔英〕利德尔·哈特：《战略论》

那些认为盲目通晓几条简略的规则就能打胜仗的指挥员是注定要失望的。

〔美〕马歇尔：引自《美国军事战略与政策史》

能够正确地分析一场战斗的形势，认识其决定性的要素，并为此提出简单可行的办法，这比熟记所有书面的军事学问更有价值。

〔美〕马歇尔：引自《美国军事战略与政策史》

纵观古今历史，胜利总是摆动于矛和盾、城墙和炸药、战术和技术之间。

〔美〕巴顿：引自《巴顿将军》

只有一条战术原则是永恒不变的。这就是：用手中的一切手段在最短时间内给敌人造成最大的伤亡和破坏。

〔美〕巴顿：引自《巴顿将军》

对军队的过分控制，以及由远离战场几千里之外的人们来指挥战术上和技术上的行动，反而招致了本想加以防止的后果，即造成更多的流血。

〔美〕鲍德温：《明天的战略》

空军是锤子，地面部队是铁钻，两者配合起来，就一定可以粉碎敌人的力量。

〔美〕鲍德温：《明天的战略》

在战争中死守教条的指挥官必败。

〔美〕格兰特：引自《大战略》

一个地空协作单位的作战效果是两个单独军种的作战效果的几倍。

〔美〕艾森豪威尔：《远征欧陆》

战术、后勤和士气这三者，是高级司令和参谋人员时刻注意的问题。

〔美〕艾森豪威尔：《远征欧陆》

战场上的人对战术情况的了解总比距离战斗现场几千里的人清楚得多。

〔美〕艾森豪威尔：《远征欧陆》

如果将来在两个工业国之间发生地面战争，而双方地面部队还是采取以前一直遵循的老办法，那么这场战争能以绝对毁灭告终。

〔美〕米切尔：引自《美国军事战略与政策史》

出其不意是战争中克敌制胜最关键的因素。

〔美〕麦克阿瑟：引自《美国军事战略与政策史》

战争的真理是绝对的，但是指导战争的原则每次都必须根据周围的情况确定，而实际情况总是不相同的，因此，任何规则都不是行动的指南。

〔英〕丘吉尔：《世界危机》

没有十全十美的事物；既没有全面的胜利，也没有彻底的失败。

〔美〕泰勒：《不定的号角》

以有形或无形的力量进行的战争，归根结底还是意志与意志的角逐。如能像施展魔法一样，随心所欲地驾驭敌人的意志，胜利必然在握。

〔日〕原田稔：引自《外军资料》第 1111 期

用兵篇

一、进攻与防御

当你占领一阵地而受到被敌人包围的威胁时，你应迅速集中力量，以攻势动作恐吓敌人。在你觉得退却已不可避免的场合，用这种佯攻，便能阻止敌人分遣军队以困扰你的侧翼。

〔法〕拿破仑：《拿破仑兵法语录》

两军交绥，一军于被迫后退时只有一桥可通，他军却能向各方面撤退，则后者自然占到莫大便宜。处此局势，主将应冒险进取，奋力作战，对敌之两翼侧击，胜利必是他的。

〔法〕拿破仑：《拿破仑兵法语录》

前锋部队的责任，并不在于前进或后退，而是在于诱敌。……前锋部队应以精兵构成，将领、官佐与士卒，俱应各就其等级的需要，充分熟悉于担当此种任务所必要的特殊战术。未经训练的队伍，只有引起麻烦而已。

〔法〕拿破仑：《拿破仑兵法语录》

强使你的辎重或重炮进入一条隘径，而隘径的彼端又非你所有，这是违反战争惯例的；因为，万一要撤退，这些载重便会使你困扰，且势将损失。他们应留在后面有适当保护的地点，非至隘径的彼端为你所占有时不能移动。

〔法〕拿破仑：《拿破仑兵法语录》

敌军如有河流掩护，河上又有几处桥头堡，你就不应从正面去接触他，因为如此做法，你的军队便会感到不够集中，万一敌人从一个桥头堡施行攻击，你就有被截成几段的危险。你应用编成梯形阵式的若干纵队，迫近你想越过的河流。

〔法〕拿破仑：《拿破仑兵法语录》

一择定了渡河的地点，就必须迅速驰往该地点架桥渡河。你必须留意着，务使渡桥与梯形阵式的先头队伍保持相当距离，以眩惑敌人。

〔法〕拿破仑：《拿破仑兵法语录》

堡垒在攻击战中，与在防御战中同样有用。无疑的，它们本身不能阻挡一支军队的前进，但它们是延缓、障碍、削弱并困扰一支胜利的敌军的优良工具。

〔法〕拿破仑：《拿破仑兵法语录》

对于一个顽强抵抗的守军，与其冒猛攻之险，还不如准许他作光荣的投降。

〔法〕拿破仑：《拿破仑兵法语录》

乘胜阻止败退的敌军的集整，是骑兵的责任。

〔法〕拿破仑：《拿破仑兵法语录》

侧翼行军应当避免，非采用不可时，则应尽量缩短，且以最大速率为之。

〔法〕拿破仑：《拿破仑兵法语录》

在战役开始之初，应否前进的问题需要慎重的考虑；但是你一经采取攻势，就必须坚持到底。无论你的调度是怎样巧妙，退兵对于军队总要发生一种有害的精神影响，你自己既丧失了成功的机会，你就是把成功的机会送到敌人的手里。

〔法〕拿破仑：《拿破仑兵法语录》

一个军队每天每夜每小时都应当准备作一切他能作的抵抗。

〔法〕拿破仑：《拿破仑兵法语录》

永不要正面攻击一个可以迂回的阵地。

〔法〕拿破仑：《拿破仑兵法语录》

要在战争进程中利用出敌不意取得巨大的效果，就必须积极地活动、迅速地定下决心和进行强行军。

〔德〕克劳塞维茨：《战争论》第 1 卷

每次进攻时，都必须考虑在进攻中必然会出现的防御，以便能够看清进攻中的缺点，并对此有所准备。

〔德〕克劳塞维茨：《战争论》第 3 卷

进攻中取得的胜利是已存在的优势的结果，正确地说是由物质力量和精神力量共同造成的优势的结果。

〔德〕克劳塞维茨：《战争论》第 3 卷

对占领良好阵地的强大的敌人进攻是非常危险的。

〔德〕克劳塞维茨：《战争论》第 3 卷

进攻的直接目标就是胜利。

〔德〕克劳塞维茨：《战争论》第 3 卷

牵制性进攻只是一种可以促使驻止的部队运动的手段。

〔德〕克劳塞维茨：《战争论》第 3 卷

作战线的方向只能指向敌军中央或其两翼之一。除非在兵力占无限的优势，才可以同时对敌军的正面和两翼采取行动。否则，在任何情况下，假使对敌军正面和翼侧同时采取行动，那都是犯了极大的错误。

〔瑞士〕若米尼：《战争艺术概论》

攻方总比守方占有优势，因为攻方的信心比较强，士气比较高，而且目标和行动都比较明确。

〔瑞士〕若米尼：《战争艺术概论》

追击最好应指向退却之敌纵队的翼侧，而不是后尾。

〔瑞士〕若米尼：《战争艺术概论》

进攻军队应特别力求彻底突破敌军，然后选择能促进胜利的地理点作为尔后行动的目标。

〔瑞士〕若米尼：《战争艺术概论》

就会战本身而言，胜利者一方的损失有可能与失败者一方的损失同样大，只有充分利用追击，才能使胜利的果实完全成熟。

〔德〕卡尔·毛奇：引自《外军资料》第 1233 期

进攻的优越性已充分地获得了承认。通过进攻，可剥夺敌人行动的主动权，迫使敌人不得不使其措施适应我们的措施，不得不寻找对付我方措施的手段。

〔德〕卡尔·毛奇：引自《外军资料》第 1233 期

仅知巧择方向，决不能压迫敌人后退，不作有效果之攻击，不能剥夺敌人之自由，此正如纸造房屋之不能避风雨也。

〔法〕福煦：《战争论》

集团军的运动应予以良好的指挥，进攻的重点应选在敌人退却的路线上，而不是翼侧。……这样就会切断敌人的退路，引起敌人的混乱，便于我打歼灭战。

〔德〕施利芬：《现代战略决策者》

战争只能依靠进攻行动取胜。……由于火力的增强，要求进攻作战比防御作战有大得多的力量。

〔意〕杜黑：《制空权》

夺取制空权要求采取积极行动，也就是，进攻的行动而不是防守的行动；这是最适合于空中力量的行动。

〔意〕杜黑：《制空权》

空中作战不能采取防御，只有进攻。

〔意〕杜黑：《制空权》

进攻永远比防御代价大，直到它能压倒防御。

〔意〕杜黑：《制空权》

保持主动并不一定意味着有任意发动进攻的自由，它也可以意味着能自由地让敌人进攻，如果这样更为有利的话。

〔意〕杜黑：《制空权》

在进攻作战中，会产生一种自豪感，会产生一种不可估量的威力，从而给指挥得当的进攻作战增添力量，以击败在数量上占优势的敌人。……进攻永远是起决定作用的作战形式。

〔德〕鲁登道夫：《总体战争》

正面威胁和正面牵制进攻是差别甚大的作战行动，前者的目的是要迫敌采取防御，而后者的目的则是要迫敌固守，也就是说要把敌困于一地。

〔英〕富勒：《装甲战》

任何一位统帅，对于已经据有坚强阵地的敌人，决不可以进行直接的正面攻击。

〔英〕利德尔·哈特：《战略论》

一旦进入敌后，这支军队必须向敌人逼近并向其发起进攻，否则就将被敌人所制服或者眼看其所处位置的价值由于敌人的调动而丧失，战略上的进攻按常规也必须包括战术上的进攻。

〔美〕比奇洛：《主要从美国的战役看战略的原则》

用火力牵住敌人的鼻子，并且在运动中把敌人打得屁滚尿流。

〔美〕巴顿：引自《巴顿将军》

在进攻中，不论是在兵力、坦克还是弹药方面，你投入的力量越大，进攻越猛烈，你自己的损失比例就越小。

〔美〕巴顿：引自《巴顿将军》

要用充分的时间组织一次进攻。

〔美〕巴顿：引自《巴顿将军》

无论是在肉搏中还是在战斗中，总是进攻者取胜。招架是不能打胜仗的。

〔美〕巴顿：引自《巴顿将军》

不让敌人进攻，你的方法就是你去进攻他，不停地向他进攻。

〔美〕巴顿：引自《巴顿将军》

战斗中的死亡是因为时间和敌方有效火力在起作用。你应以自己的火力去压制住敌人的火力，以迅速的行动来缩短时间。

〔美〕巴顿：引自《巴顿将军》

要取得胜利，最重要的是重创敌人。

〔德〕隆美尔：引自《隆美尔》

进攻战是在外国的土地上进行的。因此损害不到进攻的国家；进攻战增加了己方的资源，同时却减少了敌人的资源；进攻提高了己方的士气，而打击了敌人的士气。

〔美〕哈勒克：引自《大战略》

在进攻中，猛打猛冲是保护自己的最好手段。有一点谨小慎微就会破坏整个进攻的效果。

〔法〕格兰梅森：引自《导弹时代的战略》

一个国家采取进攻行动，就可以预先阻止敌国的攻击，并使敌国无法发起攻击。

〔美〕布罗迪：《导弹时代的战略》

我们无论在精神上和军事上都需拥有先发制人的力量。"先发制人"的力量必须以破坏敌人的报复力量为基本任务。

〔美〕布罗迪：《导弹时代的战略》

在决定是攻还是防的时候，要尽可能地采取攻势，因为它也是确保主动性的有力措施。

〔日〕原田稔：引自《外军资料》第1111期

进攻意味着机动力，目的是实施突破，粉碎防御一方的环形防御，并撕裂其纵深防线。

〔美〕奥沙利文：《战争地理学》

正面突击是最原始的一种方法。如同相扑搏斗者那样，与对手进行面对面的冲撞，显不出有多大的军事才能和想象力。

〔美〕奥沙利文：《战争地理学》

正面攻击好似一具铁砧，翼侧进攻这把铁锤可从敌人最薄弱的方向把它放在上面锤打。

〔美〕奥沙利文：《战争地理学》

只有依靠进攻，我们才能够保持主动权。因此，甚至当被迫转入防御时，我们也必须实施积极防御，进行突袭，进行有限目的的进攻和反冲击。

〔美〕佛卢埃尔：引自《军事评论》1955 年 5 月

从守势战转入攻势战，是一种最微妙的作战动作。

〔法〕拿破仑：《拿破仑兵法语录》

防御战并不排斥攻击，攻击战亦不排斥防御，虽然其目的是在突破边界，侵入敌境。

〔法〕拿破仑：《拿破仑兵法语录》

当你从第一阵地败退时，你的各支队的集整地点必须安置于遥远的后方，使敌人不能先行赶到。让你的各支队于重新会合之前被逐一击破，那是最大的不幸。

〔法〕拿破仑：《拿破仑兵法语录》

欲阻止持有搭桥装备的敌军渡河，那是困难的。如果拦截桥道的军队之目的是在施行包围，那么，司令官在认清了自己不能有效地阻止渡河之时，就应立即设法在敌人之前赶到河流与他施行包围的地点之间的处所。

〔法〕拿破仑：《拿破仑兵法语录》

当你有一医院及若干弹药库在一设防城市中，而情势又不容许你留下充分守军以保卫它的时候，你至少应尽一切可能的努力，使卫城堡垒得保安全，免遭突击。

〔法〕拿破仑：《拿破仑兵法语录》

一支三万五千人的精兵，尤其是在有堡垒或大河可资掩护之时，应于数天之内即能巩固其阵地，即双倍的敌人亦无法攻入。

〔法〕拿破仑：《拿破仑兵法语录》

一位主将如出敌不意而包围一地，且比敌人争先了几天，他就应利用此时机以圆垒阵线把自己掩护起来；从此时起，他即应改进阵地，并在全局的处理中获得新的力量因素，达到新的兵力水准。

〔法〕拿破仑：《拿破仑兵法语录》

在战争时，要塞司令不应任意判断事态；他应守卫要塞到底，如尚未到迫不得已之时即已投降，他应受死刑。

〔法〕拿破仑：《拿破仑兵法语录》

如果你的军队在数量上处于劣势，……便应避免阵地战。

〔法〕拿破仑：《拿破仑兵法语录》

在一阵地扎营的技术，不外是在该阵地布置作战序列的技术。

〔法〕拿破仑：《拿破仑兵法语录》

防御这种作战形式决不是单纯的盾牌，而是由巧妙的打击组成的盾牌。

〔德〕克劳塞维茨：《战争论》第 2 卷

防御这种作战形式就其本身来说比进攻这种作战形式强。

〔德〕克劳塞维茨：《战争论》第 2 卷

防御者比进攻者更能通过各种猛烈程度和各种样式的袭击出敌

不意。

〔德〕克劳塞维茨:《战争论》第 2 卷

迅速而猛烈地转入进攻是防御的最光彩的部分。

〔德〕克劳塞维茨:《战争论》第 2 卷

战争与其说是随征服者一起出现的,毋宁说是随防御者一起出现的,因为入侵引起了防御,而有了防御才引起了战争。

〔德〕克劳塞维茨:《战争论》第 2 卷

民众武装和民军是一种独特的防御手段。

〔德〕克劳塞维茨:《战争论》第 2 卷

防御的概念是抵御,在抵御中包含有等待,我们认为等待是防御的主要特征,同时也是防御的主要优点。

〔德〕克劳塞维茨:《战争论》第 2 卷

保持国土不受损失决不能作为整个防御的目的,只有缔结一个有利的和约才是目的。

〔德〕克劳塞维茨:《战争论》第 2 卷

没有还击的防御是根本不可设想的,还击是防御的一个完整的概念。

〔德〕克劳塞维茨:《战争论》第 3 卷

要塞是一种极不可靠的防卫手段,反而常常对敌军有利,因为敌军可以先加以夺取然后把它变成他们的军火库。

〔英〕葛德文：《政治正义论》第 2、3 卷

不管防御工事如何强固，凡是在工事里消极等待敌人进攻者，必将最后被敌人击败。

〔瑞士〕若米尼：《战争艺术概论》

最理想的防线应该是越短越好，因为防线越短，就越便于被迫采取防御的军队进行防守。

〔瑞士〕若米尼：《战争艺术概论》

当一支进攻军队进入他国时，不论其目的是为了长期征服或是短期占领，也不论其最初的成就是如何巨大，一定要准备一条防线，以便局势逆转时用以扭转局势。

〔瑞士〕若米尼：《战争艺术概论》

对于取守势等待敌人进攻的军队来说，最好的办法是利用有成功希望的时机善于夺取主动权。

〔瑞士〕若米尼：《战争艺术概论》

任何一支军队，假使它只在阵地不动，专等敌人进攻，那么久而久之它终究会被敌人击溃。

〔瑞士〕若米尼：《战争艺术概论》

退却是一切战争行动中最困难的一种行动。

〔瑞士〕若米尼：《战争艺术概论》

距离的长短，和所经过地区的性质，当地提供的资源，敌人可能

在侧翼和后方构成的障碍，骑兵的优劣，以及部队的士气，等等，这都是能决定退却命运的主要因素。

〔瑞士〕若米尼：《战争艺术概论》

防御军队应运用一切手段粉碎敌人的首次强攻，尽管采取迟滞的行动，力求国家命运免受危险，待敌人一部分兵力疲惫不堪，精疲力竭，或者由于要占领所侵占的省区，掩蔽要塞，防守驻地，保障作战线和补给站的安全等而形成分散时，再寻机与之决战。

〔瑞士〕若米尼：《战争艺术概论》

通过攻进火器，战术防御已比战术进攻具有了很大的优越性。

〔德〕卡尔·毛奇：引自《外军资料》第 1233 期

敌人进逼时，要运走全部存粮，先敌清野，拆除磨粉机的关键部件，把妇孺转移到北方那些可以轻易阻滞敌人的广大地区。在一些适宜的城市设置栅栏，筑造防舍，做好防御准备。因破坏而遭受的损失由全民共同承担。

〔德〕格奈泽瑙：引自《克劳塞维茨传》

火器的每一个发展和改进都有利于防御。防御不仅能使武器保存更长的时间，并且使它能处于增强效力的最佳地位。

〔意〕杜黑：《制空权》

任何防御敌方空中行动的手段都将失败，而有利于敌人。

〔意〕杜黑：《制空权》

绝不要放弃阵地。守住阵地比夺回阵地的代价要小。

〔美〕巴顿：引自《巴顿将军》

在到达最后的目标之前，绝不允许部队挖壕固守；到达了最后目标，就要挖战壕，架设铁丝网，埋地雷。

〔美〕巴顿：引自《巴顿将军》

防御的全部艺术在于迫使进攻者在正面进攻中耗尽力量。

〔美〕詹金斯：引自《美国军事战略与政策史》

积极防御的真正作用，就像我们所谈到的那样，在于这种防御能够有助于遏止敌人的攻击。

〔美〕布罗迪：《导弹时代的战略》

一条约定俗成的原则指出，防者决不能让敌人的任何空袭兵器在他的上空"自由飞翔"。

〔美〕布罗迪：《导弹时代的战略》

进攻是最好的防御，这一普遍的看法以及奋起以白刃相见的精神，使一代又一代的士兵在新武器面前丧生。

〔美〕奥沙利文：《战争地理学》

防御可以是固定的，也可以是运动的。固定防御是要在保住后撤和补给线的同时，筑起一条敌人进攻时无法突破的环形防线。……运动防御是要将入侵者诱进来，尽可能地拉长他的战线，分散其进攻的兵力。这样就迫使敌人翼侧暴露为给其以打击创造条件。

〔美〕奥沙利文：《战争地理学》

二、灵活机动与迂回包围

照通例，你绝不放弃你的战线；但于环境需要时改变战线，则是一种最巧妙的军事调度。一支军队若能巧妙地改变战线，他便能迷惑敌人，使之不复知其对手的后方何在，或其可施以威胁的弱点为何。

〔法〕拿破仑：《拿破仑兵法语录》

面对占有阵地的敌军作侧翼行进，特别是敌军占有高地而你必须在其脚下列队行进，那是一件最鲁莽最违反战争原理的事。

〔法〕拿破仑：《拿破仑兵法语录》

这应视为一个原则：构成战线的各部队之间，绝不应留有敌人可能渗入的空隙，除非你已经没有陷阱，目的正在把他引诱进桌。

〔法〕拿破仑：《拿破仑兵法语录》

施行包围，只有两种方式可以成功：一是首先击败那用以掩护阵地的敌军，将他逐出战地，迫其残部于某种自然障碍如山脉和大河之外。此第一困难既经克服，你必须于自然障碍的后面安置一个斥堠（尖兵——编者）部队，直至包围工作完成，该地被占领之时为止。

〔法〕拿破仑：《拿破仑兵法语录》

如果你的军力强大，于留下四倍于守军的人数在围攻地点之后，余力尚足与援军相等，则可以向超过一日路程的远处进军。

〔法〕拿破仑：《拿破仑兵法语录》

兵法指明：迂回或伸展一翼时，不应使与大军分离。

〔法〕拿破仑:《拿破仑兵法语录》

数量的不足必须以进军的速度来补充。

〔法〕拿破仑:《拿破仑兵法语录》

在相隔很远的几条路线上行动而彼此失去联络,这是一个错误。

〔法〕拿破仑:《拿破仑兵法语录》

山岳间处处有许多天生极坚强的据点你应避免向之攻击。欲于此种战争中表现天才,应在敌人侧翼或后方占领阵地,使他除了不战而退出据点之外别无他法,并应逼他步步后撤,或使他出来向你攻击。

〔法〕拿破仑:《拿破仑兵法语录》

对敌人退却线进行威胁的目的在于切断敌军的退路,因此只有当敌人真正下定决心退却时,这种威胁才能够达到目的。

〔德〕克劳塞维茨:《战争论》第 2 卷

奉命在敌人背后进行活动的部队不可能同时对敌人的正面发生作用。因此,对敌人背后或翼侧的活动不应该看作力量本身有什么增加,只能看作力量的使用提高了效果。

〔德〕克劳塞维茨:《战争论》第 2 卷

机动好比下棋时的头几着棋,因此是一种双方力量比较平稳的赌博,其目的是造成取得成功的有利机会,进而利用这种机会造成对敌人的优势。

〔德〕克劳塞维茨:《战争论》第 3 卷

一支运动中的军队，如果只在敌人进军路线上加以牵制并避免全面作战，一定会经常保持真正的优势。

〔英〕葛德文：《政治正义论》第2、3卷

机动性的决定点是在敌方正面的翼侧，从那里我军可以很容易切断敌人与其基地及援军的联系，而使我军免冒同样的危险。

〔瑞士〕若米尼：《战争艺术概论》

为了便于巧妙实施机动，必须避免使两支相互完全独立的部队在同一条边境线上作战。

〔瑞士〕若米尼：《战争艺术概论》

要使部队保持最大的活力和最大的机动性，以便能将其逐次轮番用在实施突击的要点上，从而达到主要目的：以优势兵力各个击败敌人。

〔瑞士〕若米尼：《战争艺术概论》

对实施机动来说，重要的问题是及时和巧妙。……要夺占敌人的交通线而不失去自己的交通线，实施战略机动比战术机动更可靠。

〔瑞士〕若米尼：《战争艺术概论》

我们得出两条不可争辩的真理：第一条是，具有决定性的机动越简单，就越有把握成功；第二条是，在战斗过程中随机应变采取突然的机动，往往比事先预定的计划容易获得成功。

〔瑞士〕若米尼：《战争艺术概论》

在兵力和士气均占优势情况下所采取的机动，若用于双方兵力和指挥官能力相等的情况，就可能成为不谨慎的行动。

〔瑞士〕若米尼：《战争艺术概论》

仅从正面的攻击上，是殊少有成功的希望，而失败的机会却可能非常的大。所以我们必须向敌方阵地的侧翼上迂回。

〔德〕卡尔·毛奇：引自《西洋世界军事史》第 3 卷

单纯的正面进攻不会带来多少胜利，但却要付出很大的损失。所以，我们应该转到敌人的翼侧，从翼侧向敌人发起进攻。

〔德〕卡尔·毛奇：引自《外军资料》第 1233 期

如果军队采取从各个不同方向上向正面之敌运动或敌之翼侧迂回的作战形式，就战略上而言，就获得了有利条件，就能够获得巨大的胜利。

〔德〕卡尔·毛奇：引自《外军资料》第 1233 期

实施机动性运动，是一种威胁，谁显得威胁性大，谁就能赢。

〔法〕福煦：《战斗的研究》

不以毁灭敌兵力为战争的目的，而实施巧妙的机动，是为错误。

〔法〕福煦：《战争论》

现代作战要靠快速运动才能取胜，或才能节省兵力。

〔英〕富勒：《装甲战》

军队的机动性越高，就越难以控制，如果手中没有掌握预备队，那就容易失去控制，并随之失去指挥，一支军队就会变成一群没有领导的乌合之众。

〔英〕富勒：《装甲战》

从翼侧对敌人实行迂回，或者前出到其后方，目的不仅在于避开敌人的抵抗，而且在于获得有利于自己的战役结局。换句话，这样的机动就是选取抵抗力最小的路线。

〔英〕利德尔·哈特：《战略论》

要想成功的话就必须这样：尽量使运动迅速，不顾敌人的阻挠，而一直向前运动，使敌人无法建立一条新的防线，最后把攻势深深地带到敌人防线的后方去。

〔德〕古德里安：《闪击英雄》

从敌人背后开火更能致命，比正面开火有效三倍。但是，要从敌人背后开火，你就必须要用正面的火力吸引住敌人，再从敌侧翼迅速绕到它的背后。

〔美〕巴顿：引自《巴顿将军》

我们必须警戒我们的侧翼，但不能舍此而无所其他作为。

〔美〕巴顿：引自《巴顿将军》

正确地计划和实施运动，直接有助于获得行动自由、扩张战果、避免失败和减少弱点。

〔美〕柯林斯：《大战略》

有了机械化的机动性，机动作战和间接战略可以重新出现了。军队不必在对敌人最坚固的防御工事发动正面进攻时消耗自己，相反却可以调动机动纵队去进攻敌人易受攻击的后方区域。

〔美〕韦格利：《美国军事战略与政策史》

战争意味着搏斗，战争从来就不是靠机动而赢得的，除非这种机动是以最终见之于战斗的思想指导下进行的。

〔美〕内勒：引自《美国军事战略与政策史》

机动性以及与陆军在战场上同生活、共战斗的能力是陆军一切装备（包括战斗机和导弹）的最主要特征。

〔美〕泰勒：《不定的号角》

用进行深远突破、以攻为守的战法需要有机动性和灵活性。

〔美〕奥沙利文：《战争地理学》

机动性与选择主要突击方向、伪装、战斗保障、突然性、进攻行动以及节约兵力等项原则的正确运用相结合，可在敌人占有整体优势的情况下，在局部上造成对敌的数量优势。

〔美〕李奇微：引自《陆军战斗部队》1954 年 12 月

三、集中兵力与决战

有一句军事格言绝不能蔑视：应集合你的营旅迁敌人最远、受掩护最密之处，特别是在敌人出我不意而出现的时候。如此，你方能于敌人来攻以前有时间团结全部军力。

〔法〕拿破仑：《拿破仑兵法语录》

面对一力量集中、交通便利的敌军，而使自己的各部队分散作战，彼此失去联络，那是违反正确原则的。

〔法〕拿破仑：《拿破仑兵法语录》

当你准备发动战争时，照通例，你必须集中你的全部力量，不使一人无所事事，有时虽仅一营之力亦为胜负所系。

〔法〕拿破仑：《拿破仑兵法语录》

当你打算从事决战时，你应利用一切成功的机会；如果你的对手是一位杰出的将领，就尤其应该如此。

〔法〕拿破仑：《拿破仑兵法语录》

作战与包围一样，其技巧在能集中大量火力于一点：战斗一开始，正确的指挥官会突然乘人不意地对诸点之一，施以惊人的密集炮火，且必能占领之。

〔法〕拿破仑：《拿破仑兵法语录》

欧罗巴尽有许多名将，注意之事项极多。但余只认得一个对象，即敌之集团。余之努力，即在击破此集团，苟得击破此集团，其他自随之溃灭矣。

〔法〕拿破仑：引自福煦《战争论》

决不在集中的状态下驻扎，永远在集中的状态中会战。

〔德〕沙伦霍斯特：《德国参谋本部》

战略上最重要而又简单的准则是集中兵力。

〔德〕克劳塞维茨：《战争论》第 1 卷

一切用于某一战略目的的现有兵力应该同时使用，而且越是把一切兵力集中用于一次行动和一个时刻就越好。

〔德〕克劳塞维茨：《战争论》第 1 卷

在紧张状态下，决战总是具有更大的效果，这一方面是因为在这时人们的意志能发挥更大的力量，环境会产生更大的压力，另一方面是因为这种大规模的行动已经有了各方面的准备。

〔德〕克劳塞维茨：《战争论》第 1 卷

过分集中兵力会造成兵力的浪费，而兵力的浪费又会使其他地点上兵力不足。

〔德〕克劳塞维茨：《战争论》第 2 卷

如果战争艺术就在于要把主力用到决定点上，那么运用这个原理的首要手段，显然就是夺取主动权。

〔瑞士〕若米尼：《战争艺术概论》

创造伟大战绩的最主要方法，就是分割和消灭敌人的军队。

〔瑞士〕若米尼：《战争艺术概论》

战争艺术就是要把最大可能的兵力用到战区的决定点上。

〔瑞士〕若米尼：《战争艺术概论》

全部兵力……若集中在很难通行的地形上，这可能意味着把国家的锁钥交给了敌人。

〔瑞士〕若米尼：《战争艺术概论》

每次交战中总有一个决定点，只要战争原理得到适当的应用，它就比其他点更能赢得胜利。所以，必须力求把力量集中用在这个点上。

〔瑞士〕若米尼：《战争艺术概论》

决战中的胜利是战争中的最重要因素。

〔德〕卡尔·毛奇：引自《外军资料》第 1233 期

战争的主要目标，只有通过在辽阔的战场上打垮敌人，也就是说通过会战，才能达到。

〔德〕卡尔·毛奇：引自《外军资料》第 1233 期

应这样来指挥作战行动：使军队从不同方向，经过最后的短距离行军，同时接近敌正面和翼侧。尔后，战略就达到了其所能达到的最佳效果，结局必然是取得巨大胜利。

〔德〕卡尔·毛奇：引自《外军资料》第 1233 期

在没有完全确定的目的和不是为了决战的情况下集中所有兵力，是一个严重的错误。

〔德〕卡尔·毛奇：引自《外军资料》第 1233 期

在最初集中时所犯的错误，在战役间纵使可以改正，但其实施亦极困难。

〔德〕卡尔·毛奇：引自《战争论》（福煦）

同时捕捉两只兔子是不可能的。

〔法〕福煦：《现代战略决策者》

战略上拙劣的行动，除最优良的战术可加弥补外，势必导致战败。

〔法〕福煦：引自《战略入门》

吾等所努力者，一面集中自己之兵力，一面分散敌人之兵力。

〔法〕福煦：《战争论》

部队指导之特征有三，即准备、集团和冲力。所谓集团，换言之，即为实施计划而集结之强大的主力。

〔法〕福煦：《战争论》

极力使兵力强大化，集结此兵力而使用于一点，一举而决定胜负。此实为完成作战目的与击破敌军之唯一手段也。

〔法〕福煦：《战争论》

近代战争中之防御及掩护的观念，其要义于此可以明了。一言以蔽之，即将能使用之全部兵力向最宜于攻击之方向集结是也。

〔法〕福煦：《战争论》

集中完了之军队，其第一目标为敌之主力。

〔法〕福煦：《战争论》

集中一事，既须受地理之决定，也须受时间之决定。盖有计划之会战，集中计划须受时间与空间之双重决定也。

〔法〕福煦：《战争论》

不论在时间上地域上皆以将全兵力使用于同一地点为目的。以上乃获得最大效果所必具之条件也。

〔法〕福煦：《战争论》

胜利之为物，并非各个结果之总和，而系努力之合成力之结果。所谓合成力者，即集中一切努力于同一之目标，同一之结果，换言之，即集中一切努力于获得胜利之唯一手段——决战者也。

〔法〕福煦：《战争论》

独立空军永远应集中使用。

〔意〕杜黑：《制空权》

在战争中，数量往往具有决定性的意义。忘记这一点而要变主动为被动，那就会犯错误。

〔德〕鲁登道夫：《总体战争》

机械化部队应集中兵力兵器攻击敌人翼侧或后方，力求达成突然性。

〔英〕富勒：《装甲战》

必须尽可能对全部兵力的使用作出正确安排，要使各部之间保持经常固定的联系，而不要把他们分割开了，不要使各部兵力都固定在一个永久不变的任务上面。

〔英〕利德尔·哈特：《战略论》

真正的兵力集中原来正是首先分散兵力的结果。

〔英〕利德尔·哈特：《战略论》

集中自己的力量对付敌人的弱点。

〔英〕利德尔·哈特：《战略论》

为了得到最大的决战机会，所需要的不是集中的步兵，而是集中的战车。

〔德〕古德里安：《闪击英雄》

正确的集中可以使劣势一方获胜。

〔美〕柯林斯：《大战略》

在决定性的地点集中使用力量，意味着必须在其他方面节约使用力量。

〔美〕柯林斯：《大战略》

分散兵力是战争中的一个最大过失，但像使用所有其他通则一样，适当地运用这个真理要比只是认识这个真理重要得多。

〔美〕艾森豪威尔：《远征欧陆》

四、作战指挥

行军就是战争……，战争的才能就是运动的才能……善运动的军队必能获得胜利。

〔法〕拿破仑：引自《拿破仑战争》

先遣部队向前推进得越远，退路就越长，通过抵抗所能赢得的绝对时间就越多。

〔德〕克劳塞维茨：《战争论》第 2 卷

先遣部队在任何情况下都不能够阻止敌人的行动，只能像钟摆一样缓和和节制敌人的行动，使我们有可能正确地估计敌人的行动。

〔德〕克劳塞维茨：《战争论》第2卷

在预料可能发生战斗的任何地点，即在真正作战的整个地区内，编组行军纵队时必须使编成的各个纵队能够进行独立的战斗。

〔德〕克劳塞维茨：《战争论》第2卷

军队要想在敌人附近进行运动，就必须经常做好战斗准备，而整个军队不集中在一起是做不到这一点的，因为只有整个军队集中在一起，才能形成一个整体。

〔德〕克劳塞维茨：《战争论》第2卷

在组织行军时，并没有什么非常大的困难足以使军队的迅速前进和准确到达同军队的适当集中发生矛盾。

〔德〕克劳塞维茨：《战争论》第2卷

一次适度的行军并不会使军队这个工具受到什么损害，但是连续几次这样的行军就会使军队受到损害，如果是连续几次困难的行军，那么军队受到的损害自然会更大。

〔德〕克劳塞维茨：《战争论》第2卷

实现出色的行军，也就是把我军主力投到决定点上去。

〔瑞士〕若米尼：《战争艺术概论》

在行军的学问里，有一点是很重要的，那就是要善于安排纵队的运动，在使各纵队不处于暴露在敌人面前的情况下，而采取最大的战略正面，一直保持至这些纵队摆脱敌人所能控制的范围为止。

〔瑞士〕若米尼：《战争艺术概论》

一切战略运动，只要它的目的是想把我军主力连续地投到敌人作战正面的不同点上，这都是巧妙的行军，因为它是应用主要原理，以主力各个击破敌人。

〔瑞士〕若米尼：《战争艺术概论》

在激烈的战争中，安排军队的宿营，往往是相当困难的。不论宿营安排得如何周密，总是很难保证其不受敌人的攻击。

〔瑞士〕若米尼：《战争艺术概论》

当我军分别舍营时，敌军保持集中态势，并力图发动进攻，这时对我军来说，总是危险的。

〔瑞士〕若米尼：《战争艺术概论》

一位主将不应过于重视俘虏的报告，因而轻信自己对敌军地位的猜测为正确，除非那些报告与先锋队的报告相符合。

〔法〕拿破仑：引自《拿破仑兵法语录》

先遣部队的任务是侦察和迟滞敌人。

〔德〕克劳塞维茨：《战争论》第 2 卷

侦察的作用应该更大些，它应该迫使敌人在面前展开全部兵力，不仅比较清楚地暴露他的兵力，而且暴露他的计划。

〔德〕克劳塞维茨：《战争论》第 2 卷

战争中得到的情报，很大一部分是互相矛盾的，更多的是假的，绝大部分是相当不确实的。这要求军官具有一定的判别能力，这种能力只有通过对事物和人的认识和判断才能得到。

〔德〕克劳塞维茨：《战争论》第1卷

战争中实施巧妙机动的最重要条件之一，无疑是在下达命令之前，必须掌握敌人行动的情报。事实上，如果不了解敌人在干什么，又何以确定自己应该干什么呢？

〔瑞士〕若米尼：《战争艺术概论》

在一位善于准确把握敌情的军官和另一位通晓理论的军官中，如果要我来选择将才的话，那我宁取前者而舍弃后者。

〔瑞士〕若米尼：《战争艺术概论》

一个精干的司令部总是善于挑选几名有才学的军官，去专门执行审讯俘虏的任务，并通过有的放矢的提问，从俘虏的回答中去发现一切重要材料。

〔瑞士〕若米尼：《战争艺术概论》

一个将领只要真正能够洞察这些道理，并把握住正确的作战原则，那他总是能够预先估计到各种可能的情况，并从中采取一种对策。

〔瑞士〕若米尼：《战争艺术概论》

一位将领任何时候都不应该忘记掌握敌情这件大事，为此他应当动用一切手段，包括：组织侦察，派遣间谍，组织由能干的军官领导的轻装部队，规定各种信号以及派遣训练有素的军官到前卫去审讯俘虏。

〔瑞士〕若米尼：《战争艺术概论》

由侦察得来的情报都要积累起来，尽管这些情报并不完善，甚至矛盾百出，但真情实况往往就是从这些相互矛盾的情报中寻觅出来的。

〔瑞士〕若米尼：《战争艺术概论》

在缺乏可靠而精确的侦察材料的情况下，一位能干的将领是从不轻举妄动的。

〔瑞士〕若米尼：《战争艺术概论》

一个指挥官最重要的作用是要从他所得到的情报中把百分之五的重要情况与百分之九十五的不重要情况区别开来。

〔美〕麦克阿瑟：引自《中外军事名言录》

缺乏情报等于在拳击场上被蒙上了眼睛。

〔美〕戴维·肖普：引自《大战略》

对于手头掌握的情报资料所存在的空白点，不论是决策者明确指出的或是情报机关推断的，必须加以仔细研究，以确定采取何种方法最可能填补这些空白。

〔美〕柯林斯：《大战略》

事实上，情报材料的庞大数量本身就可能成为一个不利因素。对各个大国来说，要掌握大量的反映当前动向的多种多样资料，即使有计算机的帮助，也越来越困难。

〔美〕柯林斯：《大战略》

情报分析者必须经常警惕"骗局"。即使是那些直接从敌方严加保管、分发有限的档案中搞来的文件，也是可以怀疑的。

〔美〕柯林斯：《大战略》

从经过鉴定、判读而形成情报的大量原始材料中，可以对敌人可能采取的行动方案作出短期、中期和长期的判断。

〔美〕柯林斯：《大战略》

判断情报是一项冒险的工作。从事这项工作必须具备主要通过受教育而得到的渊博的自然科学和社会科学知识，有关情报工作程序方面的知识，洞察敌方领导人考虑问题的方法和他们个性的能力以及从实践中得到的智慧和成熟的判断力。

〔美〕柯林斯：《大战略》

情报判断者也是人，有时会感情用事。

〔美〕柯林斯：《大战略》

不管采取何种情报处理方法，也不管情报整理人员有多大的本事，如果研究的成果不能及时有效地提供给急需此种情报的单位，那么整个艰苦的努力就会失去意义。

〔美〕柯林斯：《大战略》

封闭的社会擅长于反情报活动，因其反情报机构遍布于国家生活的各个领域。

〔美〕柯林斯：《大战略》

美国迷恋于公开讨论国家安全事务，不能容忍对通信采取保密限制措施，并提倡一种便于敌方特务活动的国家生活方式。这种放荡不羁的生活方式给美国带来的惩罚是，其反情报屏障比其他任何第一流强国的更容易被突破。

〔美〕柯林斯：《大战略》

在对威胁进行估计的过程中，每一个步骤都充满着障碍。决策者受到的经常和主要的限制在于战略情报的数量、质量和及时性。

〔美〕柯林斯《大战略》

战役情报比较具体，涉及的地区也较小（某个洲或某个洋）。战役情报还可进一步分为陆战、海战、空战、经济、政治情报等。陆海空的将军们使用的是战役情报。

〔美〕邓尼根：《现代战争指南》

战术情报也就是战场情报。这种情报越详细越好，利用得越快越好。

〔美〕邓尼根：《现代战争指南》

在地面作战中，巡逻是获取情报的主要手段。也可使用各种探测器材，如雷达、监听器、飞机等获取情报。

〔美〕邓尼根：《现代战争指南》

善于进行反情报活动的部队能较长时间地保守己方的秘密。

〔美〕邓尼根：《现代战争指南》

在战略情报的搜集方面，可利用空间卫星监测整个地球；战术情报的搜集，则可由士兵利用小型雷达和传感系统来完成。

〔美〕邓尼根：《现代战争指南》

由于电子传感器将取代透镜从而使影像数字化；照相侦察最终将与电子侦察结合在一起。

〔美〕邓尼根：《现代战争指南》

目前，情报工作的关键不在于搜集而在于分析。

〔美〕邓尼根：《现代战争指南》

干练的情报分析人员应集侦探、分析家和政治家的本领于一身。

〔美〕邓尼根：《现代战争指南》

情报活动不只是收集和分析情报资料，它还包括利用机会欺骗敌人，通过散布伪情报或制造假象使敌人作出错误的判断。

〔美〕邓尼根：《现代战争指南》

进行情报活动是为了获得敌人的情报，更重要的是防止敌人获得己方的情报。

〔美〕邓尼根：《现代战争指南》

情报——对敌人和我们周围世界的了解——是制定全部政策的基石。

〔美〕鲍德温：引自《中外军事名言录》

我们防范突然袭击最保险的办法，就是有一个经常保持警戒、能够准确迅速地报道世界上几乎任何地方的动态的、严密而协调的情报工作机构。

〔美〕艾伦·杜勒斯：引自《中外军事名言录》

在战争中，最重要的一点是，不要把敌人估计得过低。同样紧要的是，要了解敌人使用的方法，识破他们的企图。这是一个必不可少的前提，有了这种认识，才能及时预察敌人的行动，并采取预防的措施。

〔英〕利德尔·哈特：《战略论》

任何一个国家，如果在其政府咨询机关中设立一个"敌人研究部"，对于战争的各个方面，以及有关战争的一切问题，都认真加以研究，并及时地对敌人的下一步行动加以预测和判断，那一定是大有好处的。

〔英〕利德·哈特：《战略论》

部队无论是扎营、进军，或是休息，必须择有利的地位，具有各种战场所需的条件——这就是说，两翼必有妥善的掩护，炮队必处于可以全部共同动作的地位。

〔法〕拿破仑：引自《拿破仑兵法语录》

炮队应全处于准备状态而安放适宜；应选择一个不受控制不会被迂回，并且可以从而临视邻近地区的位置。

〔法〕拿破仑：引自《拿破仑兵法语录》

这应视为一个原则：构成战线的各部队之间，绝不应留有敌人可能渗入的空隙，除非你已经设有陷阱，目的正是把他引诱进来。

〔法〕拿破仑：引自《拿破仑兵法语录》

把步骑队伍混合一起的办法是不妥的，这仅能造成麻烦。骑兵失去运动迅速的优点，一切动作均受牵累，不复具有推进力。

〔法〕拿破仑：引自《拿破仑兵法语录》

炮位最好能设置于俯瞰战场的高地。炮左右决不要遮蔽，使炮火得向四周放射自如。

〔法〕拿破仑：引自《拿破仑兵法语录》

即使一个最小的独立的整体，如果不分为三个部分，使一个部分可以在前面，一个部分可以在后面，也几乎是不可想象的。

〔德〕克劳塞维茨：《战争论》第 2 卷

各部分的配置，应该使派出去的每个部分在运用时既能满足当时的战术要求又能满足当时的战略要求。

〔德〕克劳塞维茨：《战争论》第 2 卷

在一般情况下，往往有必要特别注意使翼侧不致遭到意外的攻击。要做到这一点，配置在侧方的兵力就必须比单纯侦察敌人时强大。

〔德〕克劳塞维茨：《战争论》第 2 卷

配置在侧方的部队可以看作是侧卫，它们的任务是阻碍敌人向翼侧空间前进，为军队赢得采取对策的时间。

〔德〕克劳塞维茨：《战争论》第 2 卷

前哨就是军队的眼睛。

〔德〕克劳塞维茨：《战争论》第 2 卷

军队完成战斗准备所需要的时间越长，它的抵抗越是需要根据敌人的特殊部署来加以计划和组织，它就越需要有一个比较强大的前卫和前哨。

〔德〕克劳塞维茨：《战争论》第 2 卷

当军队的主力很庞大时，可以把行为不便的主力控制在距敌人较远的后面，让一支运动灵活的先遣部队在敌人附近活动。

〔德〕克劳塞维茨：《战争论》第 2 卷

追击敌人时，用配属有绝大部分骑兵的前卫部队进行追击，比起用整个军队来，可以较快地运动。

〔德〕克劳塞维茨：《战争论》第 2 卷

对进攻来说，好的部署应当具有机动性、坚忍性和攻击力；而对防御来说，首先是坚忍性，同时要有更大可能的火力。

〔瑞士〕若米尼：《战争艺术概论》

第一线成展开队形，第二线成纵队队形的部署是防御时最有利的战斗队形。

〔瑞士〕若米尼：《战争艺术概论》

战术上最大的难题之一就是选择部队战斗部署的最好的办法；但我也认识到，若想用一种绝对的方式或独一无二的体系去解决这个大难题，那是断无可能的。

〔瑞士〕若米尼：《战争艺术概论》

取胜的条件主要的并不是部署兵力的方式，而是对各兵种的巧妙的使用。

〔瑞士〕若米尼：《战争艺术概论》

作战计划要预测敌人所能为之一切，并规定打破他的各种手段于其中。

〔法〕拿破仑：引自《拿破仑兵法语录》

作战计划可依环境之所宜，指挥者的才智，部队的素质，以及战场的地形，而无拘泥地加以修改。

〔法〕拿破仑：引自《拿破仑兵法语录》

每一次战争从一开始就必须看作是一个整体，统帅向前迈出第一步时，就必须明确一个目标，使一切行动都指向它。

〔德〕克劳塞维茨：《战争论》第 3 卷

任何想跳过一条宽沟的人都不会先只跳一半而跳进沟里去。

〔德〕克劳塞维茨：《战争论》第 3 卷

政治因素对制订整个战争计划和战局计划，甚至往往对制订会战计划，却是有决定性影响的。

〔德〕克劳塞维茨：《战争论》第 3 卷

在拟订战争计划时应该遵循的第一个观点是，找出敌人力量的各个重心，并且尽可能把这些重心归结为一个重心。第二个观点是，把用来进攻这一重心的兵力集中使用于一次主要行动上。

〔德〕克劳塞维茨：《战争论》第 3 卷

从来没有一个计划是绝对可靠的，因为在先天上，它总是具有不可靠的因素。

〔瑞士〕若米尼：引自《中外军事名言录》

指挥官制订战术计划必须十分细致彻底。一经制订，就得毅然付诸实施，以取得成功。

〔英〕蒙哥马利：引自《中外军事名言录》

攻击某一点的时候，应能同时也威胁到另外一点，而且在必要的时候，确能把突击力量转移过去。只有具备这种选择目标的灵活性，战略才有可能适应形势的突然变化。

〔英〕利德·哈特：《战略论》

没有作战方案，这与战争的本质正好是矛盾的。

〔英〕利德·哈特：《战略论》

为使计划得以实现，在拟订计划时，必须考虑到敌人所具有的抵抗能力。克服敌人抵抗的最好办法，是要使计划能适应条件的变化，能随时加以改变。

〔英〕利德·哈特：《战略论》

须使计划具有灵活性，同时保持主动权。

〔英〕利德·哈特：《战略论》

当你根据变化了的形势来制订自己的计划时，必须时刻记住你的目标。

〔英〕利德·哈特：《战略论》

在制订计划时，必须预先考虑和研究下一步的行动措施。不管是成功还是失败，或者只是局部性的成功，都要有预定的应付办法。

〔英〕利德·哈特：《战略论》

最容易通向惨败之路的莫过于模仿以往英雄们的计划，把它用于新的情况中。

〔英〕温斯顿·丘吉尔：引自《19颗星》

计划、思考和行动应保持灵活性是一致公认的常识。

〔英〕邓尼根：《现代战争指南》

一项周密的作战计划在空间和时间上都要有伸缩余地，这样才能适应战争中不断变化的情况，从而完成司令官指定的最终目标。

〔美〕艾森豪威尔：引自《中外军事名言录》

士兵们须常持枪弹在手，步兵须常与炮兵、骑兵及其长官保持联络；军队的各师团之间须常在互相协助、互相支持、互相保护的地位。

〔法〕拿破仑：引自《拿破仑兵法语录》

步兵、骑兵、炮兵，三者相倚为用。他们的驻扎方式，应使于遭逢奇袭时恒能互相帮助。

〔法〕拿破仑：引自《拿破仑兵法语录》

人们通过各兵种的联合可以根据需要来加强步兵所固有的这种或那种战斗性能。

〔德〕克劳塞维茨：《战争论》第2卷

根据每个兵种的特点协调其同时行动，务使相互支援和配合，这就是战争艺术所能提出的建议。

〔瑞士〕若米尼：《战争艺术概论》

战争虽在陆、海、空三个方面进行，但这三个方面却不是彼此分离的。如果这三个方面的力量不能有效地结合和采用协同行动以打击一个经过适当选择的共同目标，它们的最大潜力就不能得到发挥。

〔美〕艾森豪威尔：引自《中外军事名言录》

为了得到和谐的音乐，每种乐器都必须和其他乐器互相协奏。同样，为使战争协调地进行，每种武器也必须和其他武器互相配合。只有这样，合成军队才能取得战争胜利。

〔美〕巴顿：引自《中外军事名言录》

只有支援坦克的其他兵种具有与坦克相同的行驶速度和越野力时，坦克才能充分发挥其威力。

〔德〕古德里安：《闪击英雄》

不要把坦克编在步兵师内，而要建立包括各兵种的装甲师，以使坦克能更好地发挥作用。

〔德〕古德里安：《闪击英雄》

协同的目的在于使战场的所有构成要素取得平衡。

〔日〕田上四郎：《中东战争全史》

在现代战争的条件下，由于现代武器的飞速发展和多样化，作为影响一切战斗、战役以及整个战争成败的一个因素，诸兵种协同作战的重要性增加了。

〔以色列〕戴维·埃拉扎尔：引自《中东战争全史》

指挥上的统一是战争的第一要素。

〔法〕拿破仑：引自《拿破仑评传》

军事艺术是一种执行命令的艺术，一切复杂的计谋都应当抛弃掉。简单明了是执行好军事行动的首要条件。

〔法〕拿破仑：引自《拿破仑文选》上卷

一个看来将要遭到不利结局的统帅，只要还有优势的预备队，他是不会放弃会战的。

〔德〕克劳塞维茨：《战争论》第1卷

伟大的统帅和久经战争锻炼的军队的退却，往往像一只受了伤的狮子退去一样。

〔德〕克劳塞维茨：《战争论》第1卷

历史告诉人们，谨慎从事会取得更多的成果。

〔德〕俾斯麦：引自《中外军事名言录》

既然应该利用一切机会出其不意地袭击敌人，同样也应该采取一切必要措施预防敌人突然袭击。

〔瑞士〕若米尼：引自《战争艺术概论》

拿破仑对于战争是有彻底的领导和控制，毛奇却只把他的军团送到起点上，然后就不再管它们，听任它们去各自为战。

〔英〕富勒:《西洋世界军事史》

消耗战却是一件双面开锋的武器,即令使用得再巧妙,使用的人也一样会感到吃不消。

〔英〕利德尔·哈特:《战略论》

一个统帅,可以把敌人压挤到水边,可是却无法使敌人一定喝水,也就是说,无法使敌人一定接受会战。

〔英〕利德尔·哈特:《战略论》

仅仅使敌人感到神秘还不够,必须使敌人迷惑不解,达到无所适从的状态,并要使敌人在这种状态中丧失行动自由,不能调动部队以来采取反机动的行动,甚至使其部队自行瓦解。

〔英〕利德尔·哈特:《战略论》

要想达到节约兵力的目的,就必然利用突然性和快速性。

〔英〕利德尔·哈特:《战略论》

当两军的翼侧彼此紧密连接时,要从其接合部上搜入进去是比较困难的;而与此相反,当两军散开在宽广的正面之上,则搜入比较容易。

〔英〕利德尔·哈特:《战略论》

战争时期,我并不把全部真相告知士兵,因为既无必要,也会泄密。

〔英〕蒙哥马利:引自《中外军事名言录》

为了取胜，总司令从一开始必须把军事机器牢牢地掌握在手中。只有这样，他的部队才能保持均衡和完整，从而发挥部队的战斗潜力。

〔英〕蒙哥马利：引自《中外军事名言录》

击溃敌人的精神上的抵抗，瓦解敌人纪律松弛的组织机构，造成混乱和恐怖，要比粉碎敌人较大规模的物质上的抵抗有用得多。

〔意〕杜黑：引自《论资产阶级军事科学》

统一指挥原则包括目的、行动和指挥的一致。它集中全部精力、手段以及物质上和精神上的各种活动，以求达到预期的目的。

〔美〕柯林斯：《大战略》

如果总指挥官抽调数量占优势的进攻部队的一部分兵力，以便在关键阵地上最大限度地打击敌人，取得绝对优势，此时剩余的部队就应采取防御态势。

〔美〕杜普伊：《武器和战争的演变》

指挥官如天赋欠佳，不能清楚地分辨复杂的情况，不能对相互矛盾的情报作出准确的判断，那么电子设备能助他一臂之力。

〔美〕邓尼根：《现代战争指南》

在下放权力的同时，必须作出一些预先经过批准的、深思熟虑的作战规定。

〔美〕小约翰·莱曼：引自《外国对英阿马岛战争
经验教训的评论》

任何战役如果不和地形条件相适应，那就是毫无意义的和可笑的。

地形，这是一本伟大的、独一无二的兵书。无论何人，如果他不会读这本书，那他充其量也只能是一名勇敢的士兵，而绝对不可能成为将军。

〔英〕劳埃德：引自《军事经典作家著作中的战略》第 1 卷

平原和富裕国家的居民通常未经过必要的锻炼，很少有合乎战争的要求者。

〔英〕劳埃德：引自《军事经典作家中的战略》第 1 卷

地理大致决定在何处制造历史，但制造历史的还是人。而且人在其历史过程中日益改善其环境，并使地理来配合其历史。

〔英〕斯特劳斯—休普：《国际间关系》

地理并不决定，但它却制约，它不仅对使用提供可能性，而且它要求那些可能性必须使用；人的唯一自由就只是他有能力对这些可能性作好的或坏的使用，又或把它们改变得更好或更坏。

〔美〕斯派克曼：《外交政策地理学》

地理知识，对于一个将军来说，犹如步枪之对于步兵，数学公式之对于几何学家一样重要。他如对地理一无所知，非铸成大错不可。

〔德〕腓特烈大帝：引自《大战略》

一国之地理条件，平原或山地生活，教育或训练，对于军队特性的影响，较气候为大。

〔法〕拿破仑：《拿破仑兵法语录》

各国的边界，或是大河，或是山脉，或是沙漠。在这些进军的障碍之中，沙漠是最难越过的，山脉次之，大河不过居第三位。

〔法〕拿破仑：《拿破仑兵法语录》

一个军队的各分队于行进时应保持如何的间隔，须视地势、环境及目标而转移。

〔法〕拿破仑：《拿破仑兵法语录》

国土（包括土地和居民）除了是军队的源泉以外，本身还是战争中起作用的一个重要因素。

〔德〕克劳塞维茨：《战争论》第1卷

山地是民众武装最合适的战场。

〔德〕克劳塞维茨：《战争论》第1卷

统帅的才能在复杂的地形上和丘陵地上最能发挥作用。

〔德〕克劳塞维茨：《战争论》第1卷

民族战争和民众武装等，……在极其复杂的地形上和在兵力十分分散的情况下，可以发挥其优越性。

〔德〕克劳塞维茨：《战争论》第2卷

一个不加以占领就不敢侵入敌国的地区，当然可以称作国土的锁钥。

〔德〕克劳塞维茨：《战争论》第2卷

江河是一种良好的补给线，是一种有利于建立良好作战线的有力工具，但是本身却并不是一种作战线。

〔瑞士〕若米尼：《战争艺术概论》

当一个国家的边界是一个良好的天然或人工屏障时，这个边界可成为一个良好的进攻基地；当要预防敌人入侵时，还可成为一条防线。

〔瑞士〕若米尼：《战争艺术概论》

对一支大陆国家的军队来说，其选择基地的第一个最重要的原则，就是应依托远离海的正面，亦即依托能保障军队处于军事力量和民众的中心位置的正面。

〔瑞士〕若米尼：《战争艺术概论》

制海权，特别是在与国家利益和贸易有关的主要交通线上的制海权，是民族强盛和繁荣的纯物质因素中的主要因素。

〔美〕马汉：《海军与美国的利益》

没有基地的支援，巡洋舰就只能在离开家门不远的距离上匆忙航行，而其打击虽然也可能是沉重的，但却不可能是致命的。

〔美〕马汉：《海军对历史的影响》

对海洋的控制，……就被认为是海战的目的。

〔英〕科洛姆：《海战及其基本原则和经验》

谁统治东欧，谁就控制了心脏地区；谁统治心脏地区，谁就控制了世界岛；谁统治世界岛，谁就控制了世界。

〔英〕麦金德：《战略理论研究》

人需要有大的空间以及有效地利用大空间的能力，这将是二十世纪国际政治的宣言。

〔德〕拉采尔：引自《军事战略》

航空为人类开辟了一个新的活动领域——空中领域，结果就必然形成一个新的战场。

〔意〕杜黑：《制空权》

对于住在地球表面的人类来说，天空比海洋具有更大的重要性。因此，没有什么理由能阻止他根据推理而得出结论：天空是一个同等重要的战场。

〔意〕杜黑：《制空权》

只要人类还是被束缚在地球表面上，他的活动就必须适应地球表面所造成的条件。战争是需要军队广泛运动的活动，进行战斗所依托的地形就决定着战斗的主要特色。

〔意〕杜黑：《制空权》

在人民战争中，国家的天然形势，对国家的防御也很有益处。山地国家往往是其人民最为敌人害怕的国家。其次，富有辽阔森林的国家，也是其人民最为敌人惧怕的国家。

〔瑞士〕若米尼：《战争艺术概论》

每个武装的居民都熟悉当地的小路，知其去向，都到处能找到一位亲戚、一位兄弟、一位朋友来帮助他。

〔瑞士〕若米尼：《战争艺术概论》

作战计划中的首要的一点，就是要有一个良好可靠的基地的保障。

所谓作战基地，就是一个国家的全部领土或部分领土。其军队可以从这里获得进行战争所需的物质器材及增援部队。

〔瑞士〕若米尼：《战争艺术概论》

拥有绝对的制海权，从海上补给比从国家腹地补给容易。

〔瑞士〕若米尼：《战争艺术概论》

战争区的决定点是有许多种类的。其中最主要的，是地理上的点和线，由于战争区本身的配置，它们总是具有重要价值的。

〔瑞士〕若米尼：《战争艺术概论》

当国家的全部命运都决定于首都的时候，入侵战争特别有利。

〔瑞士〕若米尼：《战争艺术概论》

当作战线经过一个富饶肥沃、工业发达的地区，总要比经过一个沙漠贫瘠地区更为有利。

〔瑞士〕若米尼：《战争艺术概论》

一支握有制海权的军队，似乎从不会缺少什么供应。

〔瑞士〕若米尼：《战争艺术概论》

决定战场上的一个决定点的因素是：地势；地形条件与军队战略目的的结合；双方兵力的部署。

〔瑞士〕若米尼：《战争艺术概论》

任何天然条件，任何障碍都比人的抵抗容易估计，容易克服。

〔英〕利德尔·哈特：《非直接行动战略》

单纯靠袭击贸易并不能赢得对海洋的控制，而对海洋的控制仍然是全部海军战略目标。

〔美〕韦格利：《美国军事战略与政策史》

控制海洋意味着安全。控制海洋能意味着和平。控制海洋就能意味着胜利。

〔美〕肯尼迪：引自《明天的战略》

战略大师们善于巧妙地利用自然环境，趋利避害，既承受其制约，又尽量使大自然为自己服务。

〔美〕柯林斯：《大战略》

战略家们，不管属于哪一学派，都发现以武力或武力威胁为基础的任何战略，几乎全都把注意力集中在地理环境上。

〔美〕柯林斯：《大战略》

战，还是不战，这种决心务须在对地缘政治现实十分明了的基础上作出。……一旦定下作战决心，而且如何作战的问题也已决定下来，那么剩下与战争有关的各种问题也就更与地理因素紧密相关了。

〔美〕奥沙利文：《战争地理学》

无论是大战略、战略，还是战役、战术，都与地理因素有关，全球战略必须要有翔实的地理情报，最重大的战略决策实质上是地缘政治，因此，对地理分析如有出入，就可能导致整个战略决策上的差错。

〔美〕奥沙利文：《战争地理学》

导弹和人造地球卫星的发展将达到这种程度，以致空间将失去其原先的意义，而从军事观点来看，地球将只是一个战区。

〔美〕加文：引自《美国生活》1958 年 9 月 15 日

五、军队后勤

一支军队从建立它的地方出去作战，不论是进攻敌人的军队或战区，还是到本国的边境设防，都必须依赖这个地方，必须同这个地方保持联系，因为它是军队存在的条件。

〔德〕克劳塞维茨：《战争论》第 2 卷

不管基地的作用是大是小，以及作用为什么有大有小，必须承认，基地一般说对作战是有影响的。然而我们还要指出，不能把基地简化成几个观念作为规则来使用，而是必须在每个具体情况下同时考虑我们讲过的几个方面。

〔德〕克劳塞维茨：《战争论》第 2 卷

军队的人数越多，军队依赖基地的程度和范围就越大，这是很明显的。军队好比是一棵树，它总是从它借以生长的土壤中取得生命力的。

〔德〕克劳塞维茨：《战争论》第 2 卷

作战计划中的首要一点，就是要有一个良好可靠的基地的保障。所谓作战基地，就是一个国家的全部领土或部分领土，其军队可以从这里获得进行战争所需的物质器材及增援部队；当军队采取进攻行动时，可以此作为起点；必要时，可在此找到掩蔽部；当其任务为防守本国国土时，则可以此作为依托。

〔瑞士〕若米尼：《战争艺术概论》

每支军队都可能有数个逐次分布的基地。

〔瑞士〕若米尼：《战争艺术概论》

一个国家如想控制具有海上重要性的战区，就不能不在那里占据一些战略性地点。这些战略性地点是从与战区有关的阵位中恰当地选择出来的，并以此组成基地；对于本土来讲，这是次要的，但对直接有关的战区来说，却是首要的。

〔美〕马汉：引自美国陆军学院编《军事战略》

武器装备的优势可以增加战争胜利的机会。但是单有武器装备优势当然还不能赢得交战的胜利，因为武器装备优势仅能促进胜利。

〔瑞士〕若米尼：《战争艺术概论》

军队的武器装备如果不能超优邻国的话，至少也应该和邻国一样的完善。

〔瑞士〕若米尼：《战争艺术概论》

斗争决定武器和装备，武器和装备又改变斗争的形式，因此两者之间是有相互作用的。

〔德〕克劳塞维茨：《战争论》第 1 卷

陆军和海军不应把飞机看作仅是一种用途有限的辅助武器。他们更应把飞机看作是战争大家族中的第三位兄弟。

〔意〕杜黑：《制空权》

无论兵器的杀伤力有多大提高，新兵器在理论上跟军事战术和编制的兼容统一，要比新兵器的发明或采用重要得多。

〔美〕杜普伊：《武器和战争的演变》

热核武器不仅仅是一种新的爆炸物，洲际弹道导弹也不仅仅是一种新的投掷武器。同时，它们在摧毁人民、财富、文化和历史这些社会生活中最基本的组成部分方面，代表着一种量的飞跃发展。

〔美〕福斯特：引自《核时代的美国战略》

今天由于战争机器已经具有真正的宇宙力量，我们就破天荒地第一次面临这样的情况，即：导致大国参加战争的事变，能够立即决定这个国家是否能继续存在。

〔美〕布罗迪：《导弹时代的战略》

现有的现役部队和后备役部队的刀刃是火力。

〔美〕柯林斯：《大战略》

假使除了普通的"用奇"以外，而又再加上新的兵器，则奇袭的效果就更会大型增加，不过新兵器却并不是一个必要的先决条件。

〔德〕古德里安：《中外军事名言录》

任何兵器的效力又不仅是要看对方的力量大小是怎样来决定，而且还要看你自己本身是不是愿意把最近技术的发展立即作最大限度的利用，使你在这一个时代总是属于最优越的地位。

〔德〕古德里安：《中外军事名言录》

如果有人告诉我说他宁愿增加一个师的兵力，而不愿建造一艘导弹核潜艇，那么他就是个时代的落伍者。

〔法〕拉卡兹：引自《当代外国军事思想》

不设法利用技术革新的成果来提高法国的防御能力，这也将是一个不能容忍的错误。

〔法〕法比尤斯：引自《当代外国军事思想》

对法国来说，太空手段不是核威慑的替代物，它如同整个常规力量一样，将是威慑力量日益有效的补充手段。

〔法〕法比尤斯：引自《当代外国军事思想》

军队的建立和兵员的补充发生了变化，军队的给养也必然发生同样的变化。

〔德〕克劳塞维茨：《战争论》第 2 卷

政府必须把军队的给养看作完全是自己的事情。

〔德〕克劳塞维茨：《战争论》第 2 卷

能忍饥挨饿的确是士兵的最重要的美德之一，如果没有这种美德，军队就谈不上有什么真正的武德。但是，忍饥挨饿必须是暂时的，只能是迫于环境，不能成为一种可怜的制度，不能是对部队的需要进行抽象地苛刻地计算的结果。

〔德〕克劳塞维茨：《战争论》第 2 卷

一支军队，即使兵力很大，只要它带有几天的粮食，采用正规征收的方法无疑是可以解决给养问题的。

〔德〕克劳塞维茨：《战争论》第 2 卷

军队给养问题对作战方向和形式，对战区和交通线的选择是有普遍的影响的。

〔德〕克劳塞维茨：《战争论》第2卷

军队的统帅，应善于利用其所入侵的国家的一切资源，以保障其军事行动。

〔瑞士〕若米尼：《战争艺术概论》

不仅需要收集大量物资，而且还要护送这些物质，跟随部队之后前进。

〔瑞士〕若米尼：《战争艺术概论》

组织并监督军需库、弹药库、粮食库和野战医院在纵队中及在后面的移动，不要使其妨碍军队的行动，但又要保持较近的距离；要采取措施确保它们在行进中，在正常停留时以及在车堡（由辎重车构成的堡垒）内的秩序和安全。

〔瑞士〕若米尼：《战争艺术概论》

应通过对各种勤务的检查，确保一切装备处于完好状态。

〔瑞士〕若米尼：《战争艺术概论》

明智能干的指挥官总是力图破坏敌人的补给，同时阻止敌人破坏自己的补给。

〔美〕邓尼根：《现代战争指南》

完全摩托化、高度技术化的现代战斗师是一支十分脆弱的部队，它是铁拳两只，但却是泥足一双。

〔美〕邓尼根：《现代战争指南》

后勤工作是向部队供应武器、弹药、油料备份零件、备份装备和食品的一门艺术和科学。轻视后勤工作常常会导致灾难性的后果。

〔美〕邓尼根：《现代战争指南》

后勤工作遭到惨重失败在战争史上是十分普遍的现象。所以遭到失败，不仅是因为指挥官轻视了后勤工作，而且还因为敌人对补给工作进行了破坏。

〔美〕邓尼根：《现代战争指南》

以美国为代表的西方后勤制度，很像一座高度自动化的小型工厂，只要能不断提供大量的原材料和能源，就能大量生产火力，一旦断绝了材料和能源供应，那么剩下的就只能是昂贵无用的机器了。

〔美〕邓尼根：《现代战争指南》

整个战争艺术的秘密，就是使你自己成为交通线的主人。

〔法〕拿破仑：引自《战略论》

从军队配置地点到军队给养和补充源泉的主要聚集地区的道路，在一般情况下也是退却用的道路。因此，这些道路有双重的使命：第一，它们是经常补给军队的交通线；第二，它们是退却路。

〔德〕克劳塞维茨：《战争论》第 2 卷

军队主要是在当地取得给养，但是军队和它的基地仍然必须看成是一个整体。交通线是这个整体的一个组成部分，它们构成基地和军队之间的联系，应该看作是军队的生命线。

〔德〕克劳塞维茨：《战争论》第 2 卷

在敌国境内，通常只有军队已经通过的道路才可以作为交通线。

〔德〕克劳塞维茨：《战争论》第 2 卷

除了精神上和物质上的优势以外，只有交通线的状况比对方优越的一方，才能有效地迂回对方，因为，如果不是这样，对方就会同样用迂回的方法十分容易地保障他自己的安全。

〔德〕克劳塞维茨：《战争论》第 2 卷

经过最富庶的城市和通过最富饶的耕作区的很宽阔的道路是最好的交通线，即使利用这些道路时要走很多弯路，也值得优先利用，在大多数情况下，这些道路对军队的配置的决定有直接的影响。

〔德〕克劳塞维茨：《战争论》第 2 卷

对运输队的攻击不管从战术上看来多么容易，但从战略上看，却永远不是那样容易做到的，只有在敌人的交通线十分暴露的特殊情况下，才能期望取得重大的成果。

〔德〕克劳塞维茨：《战争论》第 3 卷

"战略线"也可指所有由某一个要点到另一个要点之间的、一切最直和最有利的交通线，以及由我军的战略正面到所有各目标点之间的交通线。

〔瑞士〕若米尼：《战争艺术概论》

为了使部队能够进行长距离行军而不丧失快速力，就必须减轻包袱，把补给品减到最小限度。

〔英〕利德尔·哈特:《战略论》

我们必须拥有一支悬挂着美国旗航行的商船队,它要能迅速地作好运输准备,以便对我们部署在任何遥远地区的军事力量实施较持久的支援和补给。

〔美〕霍洛韦:引自《外国对英阿马岛战争经验教训的评论》

马汉断言,海上交通线是一个国家实力和战略的最为重要的独一无二的因素。确保己方交通线同时切断敌方交通线的能力是一个国家武装力量的根本,也是海上强国的天赋特权。

〔美〕韦格利:《美国军事战略与政策史》

马汉认为:"战争(最终)不是战斗而是实业。"但是控制海洋必须是第一位的,而对海洋的控制只能靠一支能打垮敌国海军的强大海军来获得。

〔美〕韦格利:《美国军事战略与政策史》

治国篇

一、统治与权术

只有整个人类服从一个统一的政体，才有可能全面统一。

〔意〕但丁：《论世界帝国》

自由一旦授予于人，再收回来是极端困难的。

〔荷〕斯宾诺莎：《神学政治论》

即令自由可以禁绝，把人压制得除非有统治者的命令他们都不敢低声说一句话；这仍不能做到当局怎么想，人民也就怎么想的地步。

〔荷〕斯宾诺莎：《神学政治论》

强制言论一致是绝不可能的。

〔荷〕斯宾诺莎：《神学政治论》

对付思辨问题的法律是完全没有用处的。

〔荷〕斯宾诺莎：《神学政治论》

暴君们很少想到是谁赋予他们政权，也很少想到自己必须对赋予他们政权的人负责，……与此相反，善良的君主们则只以纯粹理性的忠告为指南，他们把自己的义务看做是不可破坏的准则，忠诚地遵循着高瞻远瞩的意见，并且使自己的地位在丝毫不能动摇的基础上不断得到巩固。

〔法〕维拉斯：《塞瓦兰人的历史》

一个真正的国君的光荣与其说是取决于他的王冠的灿烂，毋宁说取决于他的人民的幸福。

〔法〕维拉斯：《塞瓦兰人的历史》

信仰什么和如何实现这种信仰，只能由理智和信念来指导，而不能使用强权或暴力，这是一条根本的、不能放弃的真理。

〔美〕麦迪逊：引自《罗斯福选集》

不论花言巧语的人怎样来玩弄人们的理智，它蒙蔽不了人们的感觉。

〔英〕洛克：《政府论》下篇

损害和罪行，不管是出自戴王冕的人或微贱的人之手，都是一样的。

〔英〕洛克：《政府论》下篇

不义战争中的征服者不能因此享有使被征服者臣服和顺从的权利。

〔英〕洛克：《政府论》下篇

征服者在正义战争中对被他打败的人所取得的支配权是完全专制的，后者由于使自己处于战争状态而放弃了自己的生命权，因此，征服者对他们的生命享有一种绝对的权利。

〔英〕洛克：《政府论》下篇

如果法律不能被执行，那就等于没有法律。

〔英〕洛克：《政府论》下篇

对于一个国家最致命的东西莫过于过分的排外主义，并且完全无视人家的天然的愿望和恐惧。

〔英〕伯克：引自《均势战略》

应尽力利用调解、收买、招引敌人中间的不和种子，分别或并用这些方法，以战胜敌人。任何时候也不用战争。

《摩奴法典》：《世界通史资料选辑·上古部分》

占领者在夺取一个国家的时候，应该审度自己必须从事的一切损害行为，并且要立即毕其功于一役，使自己以后不需要每时每日搞下去。

〔意〕马基雅维里：《君主论》

恩惠应该是一点儿一点儿地赐予，以便人民能够更好地品尝恩惠的滋味。

〔意〕马基雅维里：《君主论》

为了确保他的新的王国领土安全免遭敌人侵害，有必要争取朋友，依靠武力或者讹诈制胜，使人民对自己又爱戴又畏惧，使军队既服从又尊敬自己，把那些能够或者势必加害自己的人们消灭掉，采用新的办法把旧制度加以革新，既有严峻一面又能使人感恩。

如果人民满怀不满,君主是永远得不到安全的。

君主必须同人民保持友谊,否则他在逆境之中就没有补救办法了。

如果把基础建立在人民之上的人是一位君主,而且他能够指挥,是一个勇敢的人,处逆境而不沮丧,不忽视其他的准备,并且以其精神意志与制度措施激励全体人民,这样一个人是永远不会被人民背弃的。

一个英明的君主应该考虑一个办法,使他的市民在无论哪一个时期对于国家和他个人都有所需求,他们就会永远对他效忠了。

一个人如果以……雇佣军队作为基础来确保他的国家,那么他既不会稳固亦不会安全。

一个君主如果不能够在他的国家里看出滋生的忧患,他就不是真正英明的君主。

一个君主如要保持自己的地位,就必须知道怎样做不良好的事情,而且必须知道视情况的需要与否使用这一手或者不使用这一手。

〔意〕马基雅维里：《君主论》

一位明智的君主应当立足在自己的意志之上，而不是立足在他人的意志之上。

〔意〕马基雅维里：《君主论》

君主必须是一头狐狸，以便认识陷阱，同时又必须是一头狮子，以便使豺狼惊骇。

〔意〕马基雅维里：《君主论》

世上没有任何事情比得上伟大的事业和作出卓越的范例，能够使君王赢得人们更大的尊敬。

〔意〕马基雅维里：《君主论》

一位君主如果他的做法符合时代的特性，他就会得心应手，同样的，如果他的行径同时代不协调，他就不顺利。

〔意〕马基雅维里：《君主论》

一个国家的最高权威本身对其治下国民中的任何一部分人都具有执行法律的权力，也有资格具有这种权力。

〔英〕笛福：《笛福文选》

只有对败坏的肢体操刀一割，才能完全治愈沉疴。

〔英〕笛福：《笛福文选》

在由凡人的双手创造的道德世界里，既没有真正的服从，也没有真正的自由。

〔法〕摩莱里:《自然法典》

如果征服者想把自己的法律和风俗习惯强加于一切民族,这是一件愚蠢的事情。

〔法〕孟德斯鸠:《罗马盛衰原因论》

没有比在法律的借口之下和装出公正的姿态时所做出的事情更加残酷的暴政了。

〔法〕孟德斯鸠:《罗马盛衰原因论》

如果认为世界上存在着在各方面都能为所欲为的人间权力,那是一个错误的想法。这样的人间权力从来不曾有过,将来也决不会有。

〔法〕孟德斯鸠:《罗马盛衰原因论》

当权的人和蔼可亲是权势的增进,因为它可以博得爱戴。

〔英〕霍布斯:《利维坦》

当一切都循袭常轨进行时,每个忠臣都必须跟着时势走,这是他的责任。但是,如果时势产生了崭新的情况,那么,利用这种一去不复返的时势同样是他的责任。

〔德〕约克:引自《克劳塞维茨传》

在被征服国家中,一位将军的行动是十分困难的。如果他严厉,他将激变并到处树敌;如果他宽和,他便会引起妄念,这些妄念因为是不能实现的,所以将招致战争所不可避免的弊害和困扰,势非出而作更大胆的补救不可。一个征服者应懂得如何轮流运用严厉、公道以及宽大的手段，以镇压或避免混乱。

〔法〕拿破仑：《拿破仑兵法语录》

一位主将无论对征服者或被征服者，都应永不任其休息。

〔法〕拿破仑：《拿破仑兵法语录》

世界就是我的意志。

〔德〕叔本华：《叔本华选集》

务实的人是不冒实行感情政治或计划政治的危险的人。

〔德〕斯宾格勒：《西方的没落》

作为走向完全废止战争本身的一个步骤，战争为什么不能达到这样完美的地步，以致不放一枪、不拔一剑就能挫败敌人的意图呢？

〔英〕葛德文：《政治正义论》第 2、3 卷

安乐是叛乱之母。

〔英〕葛德文：《政治正义论》第 2、3 卷

爱祖国之所以经常证明是一种骗人的原则，因为它的直接意图是使人类中的一部分的利益同另一部分的利益对立起来，并且根据偶然的关系而不是根据理性来制造出一种偏爱。

〔英〕葛德文：《政治正义论》第 2、3 卷

这个世界就是权力意志——岂有他哉。

〔德〕尼采：《权力意志》

生物所追求的首先是释放自己的力量——生命本身就是权力意志。

〔德〕尼采：《善恶之彼岸》

权力意志分化为追求食物的意志，追求财产的意志，追求工具的意志，追求奴仆（听命者）和主子的意志。

〔德〕尼采：《权力意志》

认识是随着权力的增长而增长的。

〔德〕尼采：《权力意志》

宣传能煽起人类的兽性。

〔英〕富勒：《战争指导》

你愈是顽强地使用征服手段来获得一个你所希望的和平条件，那你在前进道路上所遇到的困难，也就会愈来愈大、愈来愈多。

〔英〕利德尔·哈特：《战略论》

你在达到了军事目的以后，对战败国提出的要求愈多，则事后所引起的麻烦也就愈多，对方将会力图使用武力来改变你所奠定的局势。

〔英〕利德尔·哈特：《战略论》

民主不是静止的东西，它是永无止境的进军。

〔美〕罗斯福：《罗斯福选集》

在一切土地上总是存在着使人们分离的力量和使人们聚合的力量。

〔美〕罗斯福：《罗斯福选集》

独裁不产生于坚强有效的政府，而产生于软弱无效的政府。

〔美〕罗斯福：《罗斯福选集》

挥动武器的手臂必须是强有力的，指引武装的目力必须是明亮的，领导武力的意志必须是一往无前的。

〔美〕罗斯福：《罗斯福选集》

在殖民地中建立和平的最佳手段是武力与政治的联合使用，……而政治行动尤其重要。

〔法〕加利尼：引自《法国殖民战争的发展》

世界上无论多么高尚的原则，只有付诸实践才有价值。

〔法〕戴高乐：《战争回忆录》第 3 卷

国家复兴的意志不是几个热情的人或某些意志坚定的人的集团虚构的想法，而是从整个民族的死里求生的本能出发的。

〔法〕戴高乐：《战争回忆录》第 3 卷

在所有的权力工具中，军队仍然是最有力量的，而且拥有最大的能力，以对抗来自国内外的压力，维持稳定。

〔美〕托纳：《拉丁美洲的军队》，
载《美国海军协会会报》1968 年 11 月号

领导与民主制约，两者不可分割。

〔联邦德国〕施密特：《均势战略》

一个民主的命令，只有在接受命令的人根据良心作出决定之后，才会被执行。

〔联邦德国〕施密特：《均势战略》

在民主国家也必须有权力，而且不管听来如何扫兴，总有人对人的统治。不这样做将是无政府的浪漫主义。

〔联邦德国〕埃勒：引自《均势战略》

没有秩序只能产生无政府状态，产生混沌和混乱。

〔美〕福特：《福特言论选集》

人民的呼声永远是智慧的呼声。

〔美〕福特：《福特言论选集》

不能适应不断变化的形势的政治组织必然会逐渐走向衰亡。

〔瑞士〕米尔谢：引自《国际舰队》1984年第4期

世界观有问题的统治者是有可能投身于冒险的。

〔法〕贝托：引自《外军资料》第1036期

强权能吞并弱小权力中心，同样也能刺激敌对权力中心增强自身。

〔美〕迈克尼尔：引自《战争地理学》

二、政策与战略

战略是为了达到战争目的而对战斗的运用，因此，战略必须为整个军事行动规定一个适应战争目的的目标。

〔德〕克劳塞维茨：《战争论》第 1 卷

政策是智慧的结晶，而战争仅是一种工具。因此，只有战略服从政策，才是唯一合理的事情。

〔德〕克劳塞维茨：《战争论》第 2 卷

如果战略错了，那么，将军在战场上的指挥才能、士兵的勇敢、辉煌的胜利，都将失去它们的作用，尽管在战略正确的情况下它们能起决定性的作用。

〔美〕马汉：引自《大战略》

作战目标的选择，通常决定于战争的目的、战争的性质或政府的企图。

〔瑞士〕若米尼：《战争艺术概论》

政治性作战目标的选择，应服从战略的要求，至少是在军队以武力未解决战争的最主要问题之前，应该如此。

〔瑞士〕若米尼：《战争艺术概论》

战略是一种权宜之计的体系。它比科学的含义更广，是一种把知识运用于实际生活的学问，是原来的指导思想根据不断变化的情况进行的完善，是在最困难的条件的压力下行动的艺术。

〔德〕卡尔·毛奇：引自《毛奇和施利芬：普德学派》

当一个国家要进行战争时，它的目标就是要尽量发挥它的战斗力，去粉碎敌方的有效抵抗，以实现国家的政策。

〔美〕索普：《理论后勤学》

战略是由掌握政权的政府制定和控制的。

〔美〕索普：《理论后勤学》

政府机构管的是定任务，即确定必须做什么；陆军和海军的专家是具体负责执行，即决定如何完成任务。

〔美〕索普：《理论后勤学》

为了战争的目的，对一系列战斗从整体上进行计划的理论，就是战略。

〔美〕索普：《理论后勤学》

……能够最经济地联合使用陆军和海军的战略才是最佳的战略决策。

〔美〕索普：《理论后勤学》

大战略的本质是使战略服从政治，不管政治是怎样的，它的实行必须是在战略的权力所能达到的范围之内。

〔英〕富勒：《战争指导》

一般说来，一个追求有限目的的军事政策，只可能产生一种有限目的的战略；只有获得政府的批准以后，军事指挥官才可以去追求具有决定性的目的，而且只有政府才有权决定何种目的是值得追求的。

〔英〕利德尔·哈特：《战略论》

军事力量只不过是大战略所掌握的各种工具中的一种而已。为了达到削弱敌人抵抗意志的目的，大战略更应该注意和利用的，是其全部力量，即财政上的压力、外交上的压力、商业上的压力，以及从重要性说来并不算最后一项的思想道义上的压力。

〔英〕利德尔·哈特：《战略论》

战略能否获得成功，主要取决于对"目的"和"手段"（工具）是否能作精确的计算，能否把它们正确地结合起来加以利用。

〔英〕利德尔·哈特：《战略论》

确定军事目标，必须以现在兵力和现行政治为根据，因此要考虑到实际的需要，理智的要求。

〔英〕利德尔·哈特：《战略论》

一个参谋本部的战略观念，并不应以某种固定硬性的原理为基础，而应该配合政治局势的变化，以及未来新兴的各种任务。

〔德〕古德里安：《闪击英雄》

国家的政策，在军人为战争作准备计划时，应具有决定的作用。

〔德〕古德里安：《闪击英雄》

战略思想是在每个世纪中，又或是在历史的每一个时刻中，从事件本身所提出的问题吸取其灵感。

〔法〕阿龙：《现代战略思想的演进》

政治是管理和限制因素，军事行动仅为其手段中之一种。

〔德〕德尔布吕克：引自《现代战略思潮》

战略的基本要素是"奇"。在现代条件下，这个要素极有可能以战略规模——以别于战术规模，反映在战争最初的计划中。

〔美〕布利斯：《布利斯文件》

当大国与实力几乎相等的军队交战时，纯粹以军事决定胜负就极少可能了。

〔美〕弗罗斯特：《海军年报》第 51 期

战略之应用于武装力量，并不是与其他战争活动相离析和截然无关的事情，而是我们可以称之为国家战略这个整体的一部分。

〔美〕迈邪斯：引自《美国军事战略与政策史》

现代战争机器的速度、动力和航程要把世界变为单一的战场。同样，一国的国防也越来越密切地有赖于他国。在战略方面，这是使各国日益互相依赖的总演化过程的必然结果。

〔法〕戴高乐：《战争回忆录》第 1 卷

明天的战略必须建立在昨天的教训上。

〔美〕鲍德温：《明天的战略》

一种僵硬的不容有不同意见的军事政策或军事战略的形成，势必走上战败与灾难的道路。

〔美〕鲍德温：《明天的战略》

国家利益是构成正确战略的基础。国家利益是高度概括的抽象概念，它反映了每个国家的基本需求。

〔美〕柯林斯：《大战略》

国家战略在平时和战时综合运用一个国家的各种力量以实现国家

的利益和目标。

〔美〕柯林斯：《大战略》

战略是一门进行抉择的艺术和科学。

〔美〕柯林斯：《大战略》

战略不能是一种单一的、一成不变的原则。……任何一个特定的战略，在某些情况下可能是最好的，而在其他情况下则可能是最坏的。

〔美〕博弗尔：引自《大战略》

在战争中没有任何事情比坚持一项单一的战略计划更为困难了。

〔美〕艾森豪威尔：《远征欧陆》

对于一个非侵略国而言，诉诸战争实际上意味着政策上一种近乎全面的崩溃。一旦战争来临，几乎整个战前政策都彻底无效了。

〔美〕怀利：引自《美国军事战略与政策史》

战略是为达到某种目的而制订的一种行动计划，是一个目的和为了达到这个目的而采取的一系列措施的总和。

〔美〕怀利：引自《大战略》

每个国家，不论它的地位如何，总需要有一个战略。总有一些行动方针要比别的方针可取一点；除了全面战争或者束手无策以外，总还有其他的出路。

〔美〕肯尼迪：《和平战略》

古代人比周围力量更强大的野兽活得更久，正是因为他的智慧——他的战略和政策——弥补了他的力量的不足。

〔美〕肯尼迪：《和平战略》

双方以退让来获取各自所要求的利益，绝不是获得各自所要求的利益的理想条件。

〔美〕霍格：引自《导弹时代的战略》

在和平时期，战略主要体现在对武器的选择方面。

〔美〕布罗迪：《导弹时代的战略》

战略不是属于一种军事范畴，而是属于一种对外或世界政治的范畴。所以，它不是将军们的事情（虽然它能向将军们分配任务），而是政府的事情。

〔联邦德国〕施密特：《均势战略》

一个国家在制订自己的战略时，必须相应地考虑到对方作出不理智的行动的可能性。一方的战略的虚假性越大，另一方就越不能确定前者在真正处于紧急状态时是否一定会按照它的战略的原来意向理智地行事。

〔联邦德国〕施密特：《均势战略》

仅仅靠军事力量是不够的。要防止冲突和逐步实现各国间的谅解，有效的外交活动也是必不可少的。

〔美〕福特：《福特言论选集》

大规模报复政策作为战略指导原则来说，已经走进了死胡同。

〔美〕泰勒：《不定的号角》

20 世纪的战略就像一个贪婪吞噬空间的食客。它在这方面是随着它所依赖的经济和技术的发展而发展的。

〔法〕贝托：引自《外军资料》第 1036 期

战略理论不是一次就能完成的，而要经过一个过程。每一代人都需要更新他们对战略的理解。战略理论不能提供答案，但它能提高理解力。

〔以〕哈尔卡比：引自《军事战略》

"战略"就是通过对军队人员、装备和火力的部署与机动以及用其同敌人进行作战以达到既定政治目标的一门艺术。

〔美〕奥沙利文：《战争地理学》

战略服从于政治；政治始终起主要作用。

〔美〕莱因哈特：《原子时代的美国战略》

假如国家在必要时不能用军事力量来支持其外交活动，那么，这一事实必将降低其在对外政策方面的地位，并且，实际上将会使其对外政策的作用化为乌有。

〔美〕李奇微：引自《陆军新闻文摘》1954 年

三、国防与战备

世界上最弱和最不牢固的东西，莫过于不以自己的力量为基础的权力的声誉了。

〔古罗马〕塔西佗：《历史纪年》

或者将武器加固，武器加精，下次再交兵，便可以于我有利，于他有损，仰使这本无可分的轩轾归平等。

〔英〕密尔顿：引自《导弹时代的战略》

狭义的军事艺术就是在斗争中运用现成手段的艺术，称为作战方法最为恰当；广义的军事艺术当然包括一切为战争而存在的活动，也就是包括建立军队的全部工作——征募兵员、装备军队和训练军队。

〔德〕克劳塞维茨：《战争论》第1卷

不以强力防卫强力的信约永远是无效的。

〔英〕霍布斯：《利维坦》

如果国家的防卫要求每一个能拿起武器的人都立即出战，那么每一个人便能负有义务，否则他们把国家建立起来，又没有决心或勇气加以保护就是徒然的了。

〔英〕霍布斯：《利维坦》

许多君主失去自己的国家和臣民，是因为他们怕过分加重自己臣民的捐税负担，而没有维持为了保护他们而必需的军队。

〔法〕黎世留：《中世纪史文献》第3卷

人民的安宁和幸福存在于和平之中，但要维持和平，就必须注意道德的纯洁和根绝各种恶习。……为此目的，国君就应该在和平时期和战争时期永远保持足够的武装力量，以便能够及时击退外来敌人的侵犯和镇压国内人民的暴动，同时迫使他们处处又是害怕又是尊敬强大的武装力量和神圣不可侵犯的法律。

〔法〕维拉斯：《塞瓦兰人的历史》

如果由于人口众多或者财力充裕能够募集足够的军队，同任何入寇者决战疆场，他们就是能够依靠自己的力量屹立不移的人。

〔意〕马基雅维里：《君主论》

任何一个君主国如果没有自己的军队，它是不稳固的。

〔意〕马基雅维里：《君主论》

君主沉醉于安逸比对关心军事想得更多，便亡国。

〔意〕马基雅维里：《君主论》

君主永远不要让自己的思想离开军事训练问题，而且他应该在和平时期比在战争时期更加注意这个问题。

〔意〕马基雅维里：《君主论》

在和平时期绝不能够无所事事，相反，应该努力地利用这些时间，以便在命运逆转的时候，就已经做好了反击的准备。

〔意〕马基雅维里：《君主论》

在和平时期务须做好作战准备。

〔英〕笛福：《笛福文选》

由军队建立起来的帝国需要军队来维持。

〔法〕孟德斯鸠：《罗马盛衰原因论》

一个国家如果根本无所求于军队并且十分害怕军队，则它就会忽略军队，甚至往往会设法削弱军队。

〔法〕孟德斯鸠：《罗马盛衰原因论》

普遍建立民兵则是一个更为强大的防卫力量，也更符合于正义和政治幸福的原则。

〔英〕葛德文：《政治正义论》第 2、3 卷

公民们所以要受军事训练，与其说是由于准备自卫的需要，毋宁说是为了保持尚武的精神和英勇的气概。

〔法〕卢梭：《论人类不平等的起源和基础》

一个国家的国防，是不能凭人的兴之所至或好心去办的，是不能由各家各户孤立分散的力量来承担的。

〔法〕孔西得朗：《社会命运》第 1 卷

假使统帅的机智是取得胜利的最主要因素之一，那么就不难理解，对统帅的选择，是国家管理科学中最复杂的问题之一，也是国家军事政策中最重要的部分之一。

〔瑞士〕若米尼：《战争艺术概论》

有关支配军队的制度是政府军事政策中最重要的组成部分之一。

〔瑞士〕若米尼：《战争艺术概论》

一个政府，不论用什么借口轻视军队，总是要受到后人的谴责，因为由于它轻视军队，不仅不会使国家和军队获得成功，反而会给国家和军队带来耻辱。

〔瑞士〕若米尼：《战争艺术概论》

一个文明国家的政府应该常备不懈，以便能随时开始有利的战争。而要达到这一目的，则政府当局一定要有远见，要有良好的军事制度

和完善的军事政策。

〔瑞士〕若米尼：《战争艺术概论》

在一个长期的和平阶段中，保持军队的战斗力特别重要，因为军队的战斗力在和平时期最容易退化，在这方面最重要的是保持军队的士气，举行大规模演习训练军队。

〔瑞士〕若米尼：《战争艺术概论》

凡是英明的政府……，必须聚集精良的预备队，以补充作战部队。

〔瑞士〕若米尼：《战争艺术概论》

要是各国的战争准备都能达到攻方制伏不了守方的地步，才能使人们无穷无尽的精力投向其他生活乐趣方面去，而不会让他们的同胞在工业和战争上受到损害。

〔美〕索普：《理论后勤学》

准备战争的活动就像一个实际的宣言那样，要把自己的目的说得一清二楚。

〔美〕索普：《理论后勤学》

作战机器无论是进攻用的还是防御用的，都必须具有足够的威力，能完成事先经过计算的工作。

〔美〕索普：《理论后勤学》

和平时期的组织，必须保证做到：即使在极其紧张的战争状态下，作战机器所用的各种补给品也能源源不断地流动。

〔美〕索普：《理论后勤学》

凡是战时生产需要的各种机器和工具，都应在平时制造就绪。凡是预计在战时制造军火的私营工厂，都应当早有安排。

〔美〕索普：《理论后勤学》

国家在安排它的防务时，必须使它在面临任何未来战争时能处于最好的地位。

〔意〕杜黑：《制空权》

除非拥有一支在战争中能夺得制空权的空军，否则充分的国防不可能得到保证。

〔意〕杜黑：《制空权》

在促进空中航行和本国航空工业发展时，要创造条件使它们能迅速转为战争工具。

〔意〕杜黑：《制空权》

当国家生活正常运行时，一切用于维持军用飞机的资源都是着眼于它的潜在作用。

〔意〕杜黑：《制空权》

全体国民都必须关心未来战争的面貌，因为他们都将在其中战斗。

〔意〕杜黑：《制空权》

明智的国家战略总是在和平时期建立起某种结构，当政策从用理智进行说明的领域转入战争行动从而用武力解决问题的时候，这种结构将会加强未来的海上及陆上力量。

〔美〕迈耶斯：《美国军事战略与政策史》

将军不打无准备之仗。

〔美〕麦克阿瑟：引自《麦克阿瑟》

以可接受的代价换取可靠的国防，是每个珍惜行动自由的独立国家的根本大计。

〔美〕柯林斯：《大战略》

我们当前迫切的需要就是保持真正的、相当大的实力，舍此别无其他选择——不但在我们的道义方面和经济力量方面要求如此，而且在充分的军事准备方面也要求如此。

〔美〕艾森豪威尔：《远征欧陆》

只要全世界还没有懂得用竞争的武力来最后裁决人类的各种问题是毫无用处的，那么 1914 年和 1939 年的两次教训依然有效。

〔美〕艾森豪威尔：《远征欧陆》

防止思想，在国家处于非常时期就叫爱国主义。

〔法〕莫鲁瓦：《国防》杂志 1983 年 11 月号

只有当民族不仅全心地而且有意识地参加进去时，才可能有国防。

〔法〕若雷斯：《国防》杂志 1983 年 11 月号

我们必须在战争爆发前，决定我们将采取的行动。在和平时期拟订好的并作定期修改的应付紧急情况的作战计划，如果能在战争一开始时生效，则在情况许可的范围内，也将继续生效。

〔美〕布罗迪：《导弹时代的战略》

要使报复性破坏的威胁起到最大限度的威慑作用，我们必须拥有一支不仅能够保证使敌人遭受极大损失而且能够彻底击败敌人的力量。

〔美〕布罗迪：《导弹时代的战略》

在任何情况下，一切的考虑不应当脱离"国家必须专心致力于推行威慑政策"这一总的原则，而推行威慑政策的中心一环节则是在敌人袭击后仍能保存一支强大的报复力量。

〔美〕布罗迪：《导弹时代的战略》

国家的安全不可能是模棱两可的，或者我们将处于安全状态。我们不可能有部分的安全。假如我们只有一半的安全，那么整个的安全就会丧失；我们不可能关闭前门而半开后门。

〔美〕德弗：引自《导弹时代的战略》

要制止一个可能的侵略者，只有靠这样一种威胁：就是使侵略者必须感到冒险行事比起他可能得到的利益来是得不偿失的。

〔联邦德国〕施密特：《均势战略》

国家军事计划必须与国家其他计划密切配合，其基本目的是保持相当的军事实力，使之既能应付大战，又能应付除大战以外的侵略。

〔美〕泰勒：《不定的号角》

人只有在集中起力量时才受到尊重，即使他的力量比对手的弱。

〔法〕贝托：引自《外军资料》第 1036 期

自己国家的安全与生存应由自己负责。自己国家的命运不应委托于他国，否则便成了他国的附庸。

〔日〕原田稔：引自《外军资料》第 1111 期

如果一个国家政局不稳，管理无能，长期不安全，法律和秩序几乎得不到维护，那么这个国家就会成为对方攻击的目标。

〔英〕汤普森：引自《军事战略》

四、谋略与情报

敌人的称赞是可疑的，除非是在战争停止之后，这种称赞决不会使一个正直的人感到骄矜。

〔法〕拿破仑：《拿破仑兵法语录》

任何一次出敌不意都是以诡诈为基础的。

〔德〕克劳塞维茨：《战争论》第 1 卷

胆量和诡诈可以相互促进，并使希望的微光集中于一点，成为一道也许还可能引起火焰的光芒。

〔德〕克劳塞维茨：《战争论》第 1 卷

人们越是在绝望的处境中，就越想孤注一掷，而诡诈也就越能助长他们的胆量。

〔德〕克劳塞维茨：《战争论》第 1 卷

不是入侵邻近国家，而是入侵遥远的国家，而且为此目的必须越过一些土地辽阔的国家，那么入侵的成功多半是靠外交，而不是靠战略。要保证入侵成功的第一个条件，就是要使接近敌国的强国成为我方忠实可靠的同盟。

〔瑞士〕若米尼：《战争艺术概论》

取得成功的必要条件是机智、灵活、善用计谋、使敌恐惧、具有无畏精神。

〔瑞士〕若米尼：《战争艺术概论》

要想详细掌握敌军的内部情报，最可靠的方法莫过于间谍活动。

〔瑞士〕若米尼：《战争艺术概论》

一位精明的将领应能深入进行种种假设，并事先设想好解决的办法。

〔瑞士〕若米尼：《战争艺术概论》

犹豫不决，这是疑惑成性的智者的固有特性。

〔瑞士〕若米尼：《战争艺术概论》

重大的战果在勇敢果断的冒险之中，但要三思而后行。

〔德〕卡尔·毛奇：引自《外军资料》第 1233 期

先计算，后冒险。

〔德〕卡尔·毛奇：引自《西洋世界军事史》第 3 卷

要实现战争的真正目的，就必须终止使用破坏性手段。这就是说，战争必须逐步地由武力争斗发展到智谋与士气斗争的阶段。

〔英〕富勒：《装甲战》

在战争中的野蛮行为是不合算的，这是一个少有例外的真理。另外，不要使你的敌人绝望，尽管你会赢得战争，但是那样几乎会拖延战争，这对于你是不利的。

〔英〕富勒：《战争指导》

最完美的战略，也就是那种不必经过严重战斗而能达到目的的战略——所谓不战而屈人之兵，善之善者也。

〔英〕利德尔·哈特：《战略论》

从心理方面来说，要想获得成效，就要设法欺骗敌人的指挥官，麻痹他们的意志，使其感到困惑和恐惧。

〔英〕利德尔·哈特：《战略论》

战斗虽然是一种物理性的行为，可是其指导却是一种心理上的活动。你的战略愈高明，则取胜的机会愈多，所花的代价也就愈小。

〔英〕利德尔·哈特：《战略论》

军事欺骗和伪装技术像战争一样历史悠久。在整个历史发展过程中，军队一直在不同程度地利用欺骗和伪装达成进攻的突然性。

〔美〕戴维：载《海军陆战队杂志》1983 年 8 月号

战略欺骗的目的在于造成敌国制定对己有利的政策或无法有效地对抗欺骗实施国的国家目标、政策和军事战略计划。

〔美〕戴维：载《海军陆战队杂志》1983 年 8 月号

战术欺骗通过利用事实、歪曲事实或制造假象等活动，使敌人无法得知己方的真实计划、作战行动或其他行动。

〔美〕戴维：载《海军陆战队杂志》1983年8月号

除非情报机关了解其工作的目的、工作成果的预计用途以及准备使用何种手段来采取何种行动，否则对实质性的问题的分析和提出适当方案就要受到相当的损失。

〔美〕肯特：引自《大战略》

战略可以像音乐一样使两种"调子"。大调就是以武力为主要因素的直接战略；小调就是以心理战和计谋而不是以武力为主要因素的间接战略。

〔美〕博弗尔：引自《大战略》

物力上的能力同智力上的计划相比，前者发挥灵活性的余地不如后者大。

〔美〕柯林斯：《大战略》

理想的效果是在敌人阵营中造成混乱、漠不关心和恐惧情绪。

〔美〕柯林斯：《大战略》

威慑不是从行动上去遏制敌人，而是从心理上去遏制敌人。

〔美〕柯林斯：《大战略》

为一个既定的军事行动准备一项简单的指令，一定要有情报，这种情报的范围从某个关键工厂所承担的某个特殊项目的计划生产率，一直到影响组成一支强大的机动部队的各种因素，诸如军事、政治、地理和气象。

〔美〕艾森豪威尔：《远征欧陆》

不发生有组织的反抗是极权国家的特点，凡是指望主要通过心理手段打败极权国家的人都必须考虑到这个特点。

〔美〕布罗迪：《导弹时代的战略》

不论是公开的或隐蔽的战争威胁，它总是一种外交手段，一个国家可以利用这种手段阻止另一个国家进行对本国不利的军事活动和政治活动。

〔美〕布罗迪：《导弹时代的战略》

只有当我们很有把握地认为报复手段（威慑力量的依据）不需拿出使用即可起到作用的时候，我们才能把威慑当成一种战略。

〔美〕布罗迪：《导弹时代的战略》

建立一支能发挥高度威慑作用的力量要比建立一支赢得战争胜利的力量重要得多，因为威慑是赢得战争胜利的先决条件。

〔美〕布罗迪：《导弹时代的战略》

消除突然袭击的危险性的最好办法，是从各方面粉碎发动这种袭击的企图，并提倡加强威慑态势而不加强进攻态势，以促进这一目的的实现。

〔英〕布罗迪：《导弹时代的战略》

宁可把政治意志的中心集中于威慑，而不愿只集中在战略武器平衡的现状上。

〔美〕莱尔德：引自《奥比斯》1984 年夏季号

战争是要歌颂自己人和诋毁对方的。

〔法〕贝托：引自《外军资料》第 1036 期

不使用武力征服敌人才是上策。而在非武力战争领域内，不发生直接的激烈冲突，而使敌人屈服于我，则是最上策。不仅使对方屈服于我，如双方能达成和解，建立友好关系，互相合作，化敌为友，堪称为最最上策。

〔日〕原田稔：引自《外军资料》第 1111 期

缺乏思想力量，会使其他作战力量失去灵魂，战争无法进行。

〔日〕原田稔：引自《外军资料》第 1111 期

在对敌情，尤其是对敌国可能采取的行动进行判断的过程中，切忌过高估计和过低估计。未掌握情报即投入战争，就如同在没有照明的暗夜中行走一样。

〔日〕原田稔：引自《外军资料》第 1111 期

其 他

一、战争与历史

反复诵读亚历山大、汉尼拔、恺撒、古斯塔夫、丢伦、欧冉与腓特烈的战史，拿他们当作模范。这是你成一大将并精通兵法奥秘的唯一办法。

〔法〕拿破仑：引自《拿破仑兵法语录》

要想理解战史，除了必须具备兵器和兵种的基础知识外，主要地是必须对所谓应用战术（或称高等战术）和战略有一定的了解。

〔德〕克劳塞维茨：引自《中外军事名言录》

通过详细叙述某一史实或列举若干史实可以吸取某种教训，这时，史实本身就为吸取教训提供了真正的证明。

〔德〕克劳塞维茨：《战争论》第 1 卷

用历史事实证明理论上的真理。

〔德〕克劳塞维茨：引自《中外军事名言录》

史例可以说明一切问题，在经验科学中，它们最有说服力。尤其在军事艺术中更是这样。

〔德〕克劳塞维茨：《战争论》第 1 卷

能完全通过历史事例教会别人去进行战争的人，其功绩将比别人大得多。

〔德〕克劳塞维茨：引自《军队大脑》

不能忽视以往战争的经验，但必须牢记，它不能成为当今时代的规范。

〔德〕毛奇：引自《军队大脑》

一切战争艺术的理论，其唯一合理的基础就是战史研究。

〔瑞士〕若米尼：引自《中外军事名言录》

总参谋部资料室里应拥有大量的战史资料。

〔瑞士〕若米尼：《战争艺术概论》

一部有正确评论的军事史确实是一所真正的战争大学校。

〔瑞士〕若米尼：《战争艺术概论》

战争是可以学会，而且必须学会的，广泛而深入地研究战史，理解战争的本质，是研究用兵之术的基础。

〔法〕福煦：引自《中外军事名言录》

我们拥有千年的遗产。但是这批巨大的遗产不应妨碍我们向未来前进。我们应当从这些遗产中吸取在现在或将来对我们有用的东西。

〔意〕杜黑：引自《中外军事名言录》

军事比其他大多数职业更需要依靠前人明智的解释作为制定未来方案的参考。

〔美〕麦克阿瑟：引自《19 颗星》

军人在和平时期，没有其职业的真正实践活动进行自我训练，所以他们应当尽量利用历史，以保证他们本人和部队的战备状态，使他们在危急时候能有效地行使职责。

〔美〕麦克阿瑟：引自《19 颗星》

研究军事的人并不需要从历史上学习技术和方法的细节，这些细节在每一个时代都受到当时使用的武器的性能、兵力机动的手段、供给以及控制战斗部队的方法等因素的影响。然而，研究军事的确可以得到那些基本的原则，以及这些原则的结合和使用。

〔美〕麦克阿瑟：引自《19 颗星》

你要想成为一个成功的军人，必须了解历史。

〔美〕巴顿：引自《中外军事名言录》

美国军界人士及其文职同僚没有做大战略方面的研究工作。他们被指责"赢得了"战斗但"输掉了"战争，"赢得了"战争但由于忽视历史教训而不能实现国家安全的目标以致重犯了过去的错误。

〔美〕柯林斯：《大战略》

我们的任务在于了解以前发生过什么事情及其来龙去脉，以便使经验能够巧妙地应用于未来。

〔美〕柯林斯：《大战略》

如果未经仔细研究上个时期以来各种情况的变化，那就不能将一个时期的战略原封不动地搬到另一个时期。

〔美〕柯林斯：《大战略》

军事史向来是军事家研究战争的实验室。

〔美〕杜普伊：《武器和战争的演变》

要真正符合实际，我们的作战计划必须依照历史经验来反映战场试验和训练的结果。

〔美〕杜普伊：《武器和战争的演变》

和平时期采用新兵器所必备的真实战场试验条件，近期内似乎不会有重大的技术性突破。因此，和平时期试验结果，应当参照历史经验进行认真细致的检验，才能根据情况的变化，确保试验结果的分析判断尽量做到真实可靠。

〔美〕杜普伊：《武器和战争的演变》

必须对历史上那些兵器和战术取得协调统一的军事体制，进行历史性的分析研究，弄清协调统一的军事和历史上的原因和条件，以指导我们在不久的将来能取得兵器与战术之间更好的协调统一。

〔美〕杜普伊：《武器和战争的演变》

如果不认真地将自己在以往战争中汲取的教训运用于解决今天的军事问题，那么我们不厌其烦地谈论这些教训也就没有什么意义了。

〔美〕李奇微：引自《中外军事名言录》

明天的战略必须建立在昨天的教训上。

〔美〕鲍德温：引自《中外军事名言录》

一个人除非能从历史中吸取教训，否则就注定要重蹈覆辙。

〔美〕鲍德温：引自《中外军事名言录》

对战争进行全面深入的研究，可以帮助人们找到新的战争原理……对于有志研究战史并力图发挥自己关于战争观点和判断意见的普通军事人员来说，其重要性也是相同的。否则，他的军事学说知识就没有牢固的基础，好像一个倒立着的金字塔，头重脚轻，随时都有倾覆的危险。

〔英〕利德尔·哈特：引自《中外军事名言录》

历史，这就是普遍性的经验。

〔英〕利德尔·哈特：引自《中外军事名言录》

如果对于整个的军事史缺乏深刻的认识，没有这样一个基础而只是深入研究一个战例，那么，这种研究便有可能得出不正确的结论。

〔英〕利德·哈特：《战略论》

要从大量的历史资料中选取最本质的东西，就不能不放过历史上的某些时代，舍弃某些甚有价值的例证。

〔英〕利德·哈特：《战略论》

拿破仑的军事才能，是通过深钻战史得来的，而且更直接的，是在军事理论上受到了包尔色特和吉见尔特的影响。

〔英〕利德·哈特：《战争论》

把战争史作为军事教育的根据是很合理的，因为在训练和培养士兵方面，利用战争史料能产生良好的实际效用。

〔英〕利德·哈特：《战略论》

二、军事改革

尽管人类的预见能力有限，我们还是可以完全肯定地认为，未来战争的特性将和以往根本不同。

〔意〕杜黑：《制空权》

死抱着过去的陈旧东西不放对未来没有什么教益，因为未来跟过去发生的一切根本不同。对未来必须从一个新的角度去探索。

〔意〕杜黑：《制空权》

胜利向那些能预见战争特性变化的人微笑，而不是向那些等待变化发生后才去适应的人微笑。在这个战争样式迅速变动的时代，谁敢于先走新路，谁就能取得新战争手段克服旧的带来的无可估量的利益。

〔意〕杜黑：《制空权》

准备战争要求运用想象力。我们不得不对未来进行智力的探索。一个人想要制造一种好的工具必须首先明确了解这件工具要用来干什么；而一个想要制造一件好的战争工具的人必须首先问问自己下次战争将是什么样的。

〔意〕杜黑：《制空权》

探索未来战争不是白白地消磨时间，而是一种长期的实际需要。

〔意〕杜黑：《制空权》

我的意思不是说以往战争的经验应当作为废物抛弃；我只是说应当对它加工（事实上要给过很大的加工），因为未来更接近现在而不是接近过去。经验这个生活的教师对知道如何理解它的人能教给他许多；但是许多人错误理解了它。

〔意〕杜黑：《制空权》

如果我们想为通向未来的旅程打下一个坚实的基础，我们应当暂时忘掉上次胜利精神上的优美和意义上的伟大，而应冷静地考察它。

〔意〕杜黑：《制空权》

老一代当中有些人，正因为曾是兵器的革新者才成为军事指挥官的，但一旦地位变化，就不再关心新兵器的发展。

〔美〕杜普伊：《武器和战争的演变》

当今世界上，一国的军事改革能一贯处于领先地位并不是偶然的。这不是哪个种族具有特殊的军事才能，而是它的政治机构发挥作用的结果。这种政治机构跟科研机构和工业部门都有着正确一致的科学观点。

〔美〕杜普伊：《武器和战争的演变》

在平时，进行重大的军事改革绝非易事。只有出现真正卓越的领导人，或者国家深受战败之苦，改革才有可能进行。

〔美〕邓尼根：《现代战争指南》

一些国家之所以在战争中失败，是由于它们未能实现军事系统的现代化。

〔美〕保罗·肯尼迪:《大国的兴衰》

三、军队建设

力求以和平来结束战争的统帅,才是最伟大的统帅。

〔拜占庭〕贝利撒留:引自利德·哈特《战略论》

在第二位大放光芒,升到第一位时黯然失色。

〔法〕伏尔泰:引自《战争论》第1卷

对于一位伟大的将领,决不会有一连串的大功绩都是由机会或幸运造成的;这些功绩常是熟筹和天才的结果。

〔法〕拿破仑:引自《拿破仑兵法语录》

一位将军若是利用他人的眼睛来观察一切,那么就永远不配指挥一支军队了。

〔法〕拿破仑:引自《中外军事名言录》

一位将军决不可以作画,这在他所能做的事情中是最坏不过的。

〔法〕拿破仑:引自《中外军事名言录》

每个士兵的背囊里都有一根元帅的指挥棍。

〔法〕拿破仑:引自《拿破仑战争》

狮子统率的绵羊军队总要比绵羊统率的狮子军队强些。

〔法〕拿破仑：引自《拿破仑战争》

统帅最不可少的品质，是有一个冷静的头脑，俾能接受各种事物的正确印象，不致为好的或坏的消息所迷惑。

〔法〕拿破仑：引自《拿破仑战争》

主将之心应澄清似镜，不可涂抹画图。

〔法〕拿破仑：引自《拿破仑兵法语录》

政府应该信任自己的将军：允许他有行动的自由，只须告诉他所应达到的目标。

〔法〕拿破仑：引自《中外军事名言录》

就主将而言，真正的智慧乃在于坚毅的决心。

〔法〕拿破仑：引自《中外军事名言录》

要在一个人身上发现伟大将领所具备的那种品质，那是很难得的。最为理想的是，一个人的机智和才能，能与性格或勇气相互均衡。若勇气过人而才智不足，则易于鲁莽从事而缺乏深谋远虑；反之，若才智虽优而勇气不够，那他又会不敢毅然实行其计划。

〔法〕拿破仑：引自《军事学术》1981 年第 2 期

在严重的危机时刻，不应有丝毫的犹豫不决：犹豫不决总是毁灭人，而从不会把人从厄境中救出。英国的查理一世原有能力战斗并能获得胜利，但他犹豫不决以致被斩了首。犹豫不决就是缺乏正确判断和才智。恺撒曾经在鲁比肯河边犹豫不决，这一天他完全不像他自己了。军人的重要美德之一，是在应该行动的时候毫不犹豫。

〔法〕拿破仑：引自《拿破仑评传》

军事天才是各种精神力量的和谐的结合。

〔德〕克劳塞维茨：《战争论》

要想不断地战胜意外事件，必须具有两种特性：一是在这种茫茫的黑暗中仍能发出内在的微光以照亮真理的智力；二是敢于跟随这种微光前进的勇气。前者在法语中被形象地称为眼力，后者就是果断。

〔德〕克劳塞维茨：《战争论》

如果部下的体力和精神力量不断衰退，靠他们本身的意志再也不能振作起来和支持下去，那么统帅意志上的压力就逐渐加重。统帅必须用自己内心之火和精神之光，重新点燃全体部下的信念之火和希望之光。只有做到这一点，他才能控制他们，继续统率他们。

〔德〕克劳塞维茨：《战争论》第 1 卷

其他感情，都不能像荣誉心那样，使每一个指挥官像对待自己的田地那样对待每一个军事行动，千方百计地加以利用，努力耕耘，细心播种，以期获得丰收。最能使军队发挥作用和取得胜利的，正是从最高一直到最低的各级指挥官的这种努力，这种勤勉精神、竞争心和进取心。

〔德〕克劳塞维茨：《战争论》

刚强的人不是指仅仅能够激动的人，而是指即使在最激动的时刻也能保持镇静的人。所以这种人尽管内心很激动，但他们的见解和信念却像在暴风雨中颠簸的船上的罗盘指针，仍能准确地指出方向。

〔德〕克劳塞维茨：《战争论》第 1 卷

有些人一旦提升到他们的才智与之不相称的较高职位，他们就会丧失活动能力，这样的事例是再常见不过的了。

〔德〕克劳赛维茨：《战争论》第 1 卷

智力到处都是一种起主要作用的力量，因此很明显，不管军事行动从现象上看多么简单，并不怎么复杂，但是不具备卓越智力的人，在军事行动中是不可能取得卓越成就的。

〔德〕克劳塞维茨：《战争论》第 1 卷

要使整个战争或者我们称之为战局的战争中的大规模军事行动达到光辉的目标，就必须对较高的国家关系有远大的见解，在这里军事和政治就合而为一，统帅同时也就成为政治家。

〔德〕克劳塞维茨：《战争论》第 1 卷

如果一个统帅不能以到处都能辨明真理的洞察力来看透一切，那么他的观察和考虑就会混乱，他就没有可能作出判断。在这个意义上说，拿破仑说得很对，需要统帅作出的许多决定，就像需要牛顿和欧拉计算的数学难题一样。

〔德〕克劳塞维茨：《战争论》第 1 卷

将帅的坚强意志，就像城市主要街道汇集点上的方尖碑一样，在军事艺术中占有十分突出的地位。

〔德〕克劳塞维茨：《战争论》第 1 卷

没有胆量就谈不上杰出的统帅，也就是说生来不具备这种感情力量的人是决不能成为杰出的统帅的，因此我们认为这种感情力量是成为杰出的统帅的首要条件。

〔德〕克劳塞维茨:《战争论》第 1 卷

在具有同样优势和成功条件的情况下,国王兼统帅总要比不是国王的统帅占优势。不言而喻,一方面,国王由于只对自己负责,可以勇敢行动,无所顾虑;另一方面,国王由于深信自己掌握着为达到他的目的所需要的一切国家资源,还可以做很多的事情。

〔瑞士〕若米尼:《战争艺术概论》

一个稍微明智的政府,本来完全可以公正地任用人才,但是人类的弱点却往往对此发生各种不同形式的影响。在希望能受到合理使用的人们当中,有的人狡猾而随和,有的人则谦虚而羞怯。在这两种人当中,前者往往压倒后者。

〔瑞士〕若米尼:《战争艺术概论》

要想选拔出真正的将才,负责选拔的人首先必须本人就是军人,并且善于分析判断,否则就不得不听信别人的意见,以致难免受各种派系的不利影响。

〔瑞士〕若米尼:《战争艺术概论》

一个军队总司令的最主要素质永远是:(一)具有顽强的性格或勇敢的精神,能够作出伟大决定;(二)冷静沉着,或具有体魄上的勇气,不怕任何危险。学问仅居第三位,但是学问却能起有力的辅助作用;不承认这一点,就是瞎子。

〔瑞士〕若米尼:《战争艺术概论》

一个勇敢、正义、坚定和公正的人,能够尊重而不妒忌别人的功绩,并且能利用这些功绩来增加自己的光荣,这种人不仅将永远是一个优秀的统帅，而且甚至还是一个伟人。

〔瑞士〕若米尼：《战争艺术概论》

毫无疑问，大战本身完全是一门特种科学，一个本身并未指挥过一个团对敌人作战的指挥官，可能巧妙地计划或指挥大军联合作战。彼得大帝、孔代、腓特烈和拿破仑都是这一方面的证明。

〔瑞士〕若米尼：《战争艺术概论》

一个人若有丰富的理论知识，再有顽强的性格，就是一个伟大的统帅。

〔瑞士〕若米尼：《战争艺术概论》

当找不到一个屡经考验确富天才的伟大统帅时，最好的办法是按以下原则来组织军队的统帅部：（一）找一个在战斗中勇敢果断、在危险面前坚定不移、确经考验的英勇的将军，来担任军队的指挥；（二）给总司令指派一个具有高度能力和坦率诚恳性格的、并能与总司令完全协调一致行动的人，来担任参谋长。

〔瑞士〕若米尼：《战争艺术概论》

许多人都具有成为将领的潜在能力，就如同许多人天生就有成为伟大艺术家的潜在能力一样，然而他们却从未有过充分培养才能的机遇或训练。我认为将领是天赋加环境的产物。我所说的环境是指受训练和行使领导权的机遇。

〔美〕艾森豪威尔：引自《19颗星》

有些人具有成长为将领的较好机会，主要是因为他们对导致成为将领的种种活动有兴趣。我认为大多数天才是勤奋的结果。

〔美〕魏德迈：引自《19颗星》

一个忠于职守的将官，必须出现在战斗前沿，否则，他就不能面对自己的部属，去命令他们干他自己害怕干的事情。

〔美〕巴顿：引自《19颗星》

高级指挥部是成功还是失败决定于具有随机应变的能力或者缺乏应变能力。

〔美〕巴顿：引自《19颗星》

有革新思想的战略家也不例外。如果说有一条共同的线贯穿着他们各不相同的社会背景、性格、学历和专业经验的话，这条线就是个性。他们最重要的共同特征就是各有各的特点。

〔美〕柯林斯：《大战略》

天赋的卓越才智是一系列理想品德中最重要的一条。这里没有可靠的统计材料，但可以举出令人信服的证据来证明，从天才这个词的最广泛的意义上讲，几乎每一个战略大师都是天才。

〔美〕柯林斯：《大战略》

客观的战略家在系统地吸取他人的智慧，包括走极端的人的智慧时，从不以感情代替理智。他们清楚地认识到，在古怪透顶的观点里往往有某种有价值的东西可资利用。需要做的是加以考证，取其精华，去其糟粕。

〔美〕柯林斯：《大战略》

几乎每一个成功的战略家都有像棋手那样把问题想透的脾气。

如果说在某个领域里，通才比专才更为可取，那么这个领域就是战略。

〔美〕柯林斯：《大战略》

不墨守成规应该得到奖励，而不应受到惩罚。监督人对战略思想家的控制不应过紧，对打破老一套的实验应予鼓励，在研究中允许发生错误。害怕失败的先驱者很容易变成极端的保守派。

〔美〕柯林斯：《大战略》

一个有抱负、想成为高级将领的人，应当研究在战斗中英勇奋战的人们。

〔美〕小埃德加·普里尔：引自《19颗星》

一位真正有名的统帅，总是宁愿采取最困难、甚至是最冒险的间接路线，而不愿采取直接的路线。

〔英〕利德·哈特：《战略论》

必须建立起英明、富有远见的制度，其首要的部分当然是良好的征兵体制，和良好的国民后备军体制。

〔瑞士〕若米尼：《战争艺术概论》

常备军不仅应该经常处于能战状态，而且还应该在必要时，能够利用早已适当准备的后备队进行扩编。

〔瑞士〕若米尼：《战争艺术概论》

美国后备役制度的主要优点在于能保持由后备役人员组成的编组部队，并能保证这些部队具有较高的质量。

〔美〕邓尼根：《现代战略指南》

采用编组后备役部队，往往能收到现役部队有时都收不到的效果。

〔美〕邓尼根：《现代战争指南》

一旦战争爆发，大量穿上军装的居民会发现自己做的很多工作与平时所做的工作是一样的。

〔美〕邓尼根：《现代战争指南》

帐篷并不带来健康，对士兵更好的是在户外睡觉。

〔法〕拿破仑：引自《拿破仑评传》

新兵不需要在训练营里呆八天以上。

〔法〕拿破仑：引自《拿破仑时代》

假使国家的统治者自己没有受过军事教育，那么在这方面很难达到他应达到的目的。遗憾的是，一国之主缺乏军事教育的现象极为普遍。

〔瑞士〕若米尼：《战争艺术概论》

在一个长期的和平阶段中，保持军队的战斗力特别重要，因为军队的战斗力在和平时期最容易退化。在这方面最主要的是保持军队的士气，举行大规模演习训练军队。

〔瑞士〕若米尼：《战争艺术概论》

一个国家的君主必须既受过政治教育，又同时受过军事教育。

〔瑞士〕若米尼：《战争艺术概论》

军队的训练和纪律都应适应先进编制的要求。

〔瑞士〕若米尼：《战争艺术概论》

我们的目标是造就一批身体强健的士兵，他们既要受过军事上和技术上的专业训练，又能适应纪律约束和部队的合作精神，而且还要以一个士兵最大限度地尊严来对待他的任务。

〔美〕艾森豪威尔：《远征欧陆》

演习像巨大的实验室的试验一样，将检验计划、士兵、武器和装备的价值。

〔美〕艾森豪威尔：《远征欧陆》

受过训练的美国兵具有几乎独特的品质。他们主动、机智，能适应变化，善于利用有利条件，因此，当他们精通所有正规作战的技术后，就会成为一个最难对付的战士。

〔美〕艾森豪威尔：《远征欧陆》

充分的技术训练、心理训练和体质训练，是一个国家在把它的士兵投入战斗之前所能授予他们的一种保护和武器，但战争对一个民主国家来说，总是一件预料不到的紧急事件，因此这种训练主要在和平时期完成。

〔美〕艾森豪威尔：《远征欧陆》

付出一品脱汗水，可节省一加仑血。

〔美〕巴顿：引自《19 颗星》第 266 页

（注：品脱、加仑，均为英美计量容积的单位，一品脱等于 1/8 加仑。）

我在许多方面并不聪明，但我知道我具备一种才能，那就是施行集体灌输的能力。

〔美〕巴顿：引自《19 颗星》

听了老战士的故事，那些可能应征入伍的青年总是把注意力集中到战争所带来的荣誉上，而忽视了战争残酷的一面。充分利用这一心理，可以使士兵无所畏惧地奔赴战场。

〔美〕邓尼根：《现代战争指南》

建立基本作战小组的过程也就是将新兵转变成无畏的战士的过程。

〔美〕邓尼根：《现代战争指南》

训练有素的部队握有好的武器，一般都能打胜仗。但是，同样的武器如果掌握在领导不力、士气低落和无能的部队手中，就非打败仗不可。

〔美〕邓尼根：《现代战争指南》

以实战经验而不是以空头理论为基础的训练能造就最善于打仗的士兵。

〔美〕邓尼根：《现代战争指南》

即使有充分训练时间的部队，作战技能也只能达到一定的程度，因为只有战斗本身才能训练出完全合格的士兵。

〔美〕邓尼根：《现代战争指南》

未经正规训练的预备役人员与未经加工的原材料所差无几。

〔美〕邓尼根：《现代战争指南》

在训练上破费所带来的成果是看不见的，也无法计算。但到了战时，这种破费将得到报偿。

〔美〕邓尼根：《现代战争指南》

正如军队人员的大量增加并不一定能使一个将领丧失指挥能力一样，只要他的军队有一个出色的指挥机构，且受过良好训练就足矣。

〔美〕保罗·肯尼迪：《大国的兴衰》

大多数武装部队只能根据如何打赢上一次战争来进行组织和训练，结果往往输掉下一次战争。

〔美〕安东尼·H·科迪斯曼：引自《外国对两伊战争的评论》

一个国家的军队如果在大部分训练时间内使其飞机停放在地面上、舰艇停泊在港内和官兵呆在营房里，是打不了胜仗的。

〔美〕格特纳：引自《外国对英阿马岛战争经验教训的评论》

任何灵巧的现代化武器系统都不能代替受过训练、富有经验和作战勇敢的士兵。

〔美〕霍洛韦：引自《外国对英阿马岛战争经验教训的评论》

在战争中，人的因素至少与武器装备一样重要，而且没有什么东西可以代替训练有素和目的明确的部队。

〔美〕罗伯茨：引自《外国对英阿马岛战争经验教训的评论》

在和平时期，军队即使进行最严格的训练，也总是"理论性"多于"实践性"。

〔英〕利德·哈特：《战略论》

把经过良好训练的军队看作成本极高的财富，万万不可随意浪费。

〔英〕利德·哈特：《战略论》

只有训练才能培养锻炼出一个有效的工具，使将领们在使用的时候可以得心应手。

〔英〕利德·哈特：《战略论》

训练与后勤一样，通常只有战争才能引起人们的重视。

〔英〕戴维·哈维：引自《外国对英阿马岛战争经验教训的评论》

军队的精锐程度，在很大程度上依赖于战斗效率、编组、训练程度、各专业部门的能力、纪律和各级指挥官的指挥能力。

〔以〕戴维·埃拉扎尔：引自《中东战争全史》

在战争中决定胜负的不是数量，而是精神上的勇气。

〔罗马〕贝利撒留：引自《中外军事名言录》

勇敢的行为可以获取胜利，同时也应该得到胜利。

〔法〕拿破仑：引自《中外军事名言录》

勇敢，是金钱买不到的。

〔法〕拿破仑：引自《中外军事名言录》

精神与体力成三与一之比。

〔法〕拿破仑：引自《现代战争指南》

只要人类可以涉足的地方，军队就可以有办法通过。

〔法〕拿破仑：引自《拿破仑评传》

如果勇敢是士兵的第一品德，那么忍耐则是第二。

〔法〕拿破仑：引自《中外军事名言录》

意志、性格和胆量，使得我所以为我。

〔法〕拿破仑：引自《中外军事名言录》

平庸的将领处于不利阵地，若被优势敌军所袭，便在退却中找安全；但伟大的司令官则表现最大的坚定，勇往以迎敌。

〔法〕拿破仑：引自《拿破仑兵法语录》

世界上只有两种力量——利剑和精神。从长远说，精神总能征服利剑。

〔法〕拿破仑：引自《中外军事名言录》

精神要素贯穿在整个战争领域，它们同推动和支配整个物质力量的意志紧密地结合在一起，仿佛融合成一体，因为意志本身也是一种精神要素。

〔德〕克劳塞维茨：《战争论》第 1 卷

主要的精神力量指统帅的才能、军队的武德和军队的民族精神。

〔德〕克劳塞维茨：《战争论》第 1 卷

军人的勇敢必须摆脱个人勇敢所固有的那种不受控制和随心所欲地显示力量的倾向，它必须服从更高的要求：服从命令、遵守纪律、遵循规则和方法。

〔德〕克劳塞维茨：《战争论》第 1 卷

军队的武德是战争中最重要的精神力量之一。如果缺少这种力量，就应该有其他精神力量，如统帅的卓越才能、民族的热情等来代替，否则，所作的努力就收不到应有的效果。

〔德〕克劳塞维茨：《战争论》第 1 卷

一旦武德的幼芽长成粗壮的大树，就可以抵御不幸和失败的大风暴，甚至可以抵制住和平时期的松懈，至少在一定时期内是如此。

〔德〕克劳塞维茨：《战争论》第 1 卷

对军人来说，从辎重兵和鼓手直到统帅，胆量都是最可贵的品德，它好比是使武器锋利和发光的真正的钢。

〔德〕克劳塞维茨：《战争论》第 1 卷

智力和认识力受胆量的鼓舞越大，它们的作用就越大，眼界也就越广阔，结论也就越正确。

〔德〕克劳塞维茨：《战争论》第 1 卷

在我们的时代里，除了通过战争，而且是依靠胆量进行的战争以外，几乎再没有其他途径可以培养一个民族的大胆精神了。只有依靠胆量进行的战争才能抵制住懦弱和贪图安逸的倾向，这种倾向会使一个日益繁荣和交往频繁的民族堕落下去。

〔德〕克劳塞维茨：《战争论》第 1 卷

在这种困难的环境中，一切活动要想取得在室内活动时看来是一般的效果，人们就必须具备巨大的、百折不挠的、天生的勇气、强烈的荣誉心或久经危险的习惯。

〔德〕克劳塞维茨：《战争论》第 1 卷

如果政府不采取措施培养人民的尚武精神，那么它为建设军队而采取的一切最好的措施也都将是徒劳的。

〔瑞士〕若米尼：《战争艺术概论》

物质的原因和结果不过是刀柄，精神的原因和结果才是贵重的金属，才是真正的锋利的刀刃。

〔德〕克劳塞维茨：《战争论》第 1 卷

享有优先候补权，甚至可以规定某些职务必须由服役满多少年者始可充任。

〔瑞士〕若米尼：《战争艺术概论》

不论国家实行什么制度，作为一个英明的政府，其一贯的宗旨是：提高军职的地位，以培养居民的光荣感和英勇精神。

〔瑞士〕若米启：《战争艺术概论》

必须使人人懂得，在失败时坚定不移，比在胜利时精神振奋更为可贵，因为只要有勇气，即可攻占敌人的阵地，但是在胜利的和强大的敌人攻击之下，却需要有英雄主义精神，才能完成艰巨的退却，而不致造成混乱，反而会使敌人遭到顽强的抵抗。

〔瑞士〕若米尼：《战争艺术概论》

提高军队士气的有效方法，就是鼓励勇敢，惩罚懦弱，并使人人把胆怯视为可耻。

〔瑞士〕若米尼：《战争艺术概论》

与人民攸关的战争起因，和具有常胜威名的统帅，这是鼓励军队士气，并促使军队取胜的强大武器。

〔瑞士〕若米尼：《战争艺术概论》

战争＝精神力量的显示。

〔法〕福煦：引自《论资产阶级军事科学》

为使我军百战百胜，就必须具有对敌人的精神优势，指挥人员也必须造成这种精神优势。要赢得胜利，就必须把我方士气鼓得足足的，以便压倒敌方的士气。

〔法〕福煦：引自《论资产阶级军事科学》

胜利的愿望，这是打胜仗的首要条件，因而也是每个士兵的首要天职。百折不挠的坚定性也具有重要的意义，必要时指挥人员应向士兵灌输这种精神。

〔法〕福煦：引自《论资产阶级军事科学》

把能够鼓舞一切、赋予一切以生命的最重要因素抛在一边；这一因素就是具有精神力量、智力和体力的人。这些理论力求把战争变成一门精确的科学，却忘掉了战争这一恐怖而又激动人心的悲剧的本质。

〔法〕福煦：引自《论资产阶级军事科学》

军队植根于人民，军队是人民的不可分割的组成部分；在总体战中，军队的状况决定于人民的体力、经济力量和精神面貌。精神上的联系归根到底决定生存斗争的结局，只有具备这种精神联系的人民才是进行总体战的军队的支柱。

〔德〕鲁登道夫：引自《论资产阶级军事科学》

无敌的军队，乘胜向前推进，就能避免士气的瓦解。

〔德〕鲁登道夫：引自《论资产阶级军事科学》

人类的意志会超越物质之上的。一个国家只要它的精神足够坚强，能支持它的反击的意志，它就可以顶住敌人强加的压力。

〔意〕杜黑：《制空权》

宣传战是杰出的、民主性的工具。它的目的是要支配群众的心灵，即卢梭所谓的"全民意志"。它的目标可分三类：一是在本国防线上激励群众的心理；二是争取中立国家群众心理的支持和拥护；三是搅乱敌方本土防线上的群众的心理。

〔英〕富勒：《战争指导》

要从心理上使敌人堕落，破坏其人和军队的忠忱——解除他们精神上的武装。

〔英〕富勒：《战争指导》

我认为士气是战争中最重要的、唯一的因素。没有高涨的士气，则不论战略、战术计划以及其他一切工作如何完善，也不能取得胜利。

〔英〕蒙哥马利：引自《军事战略》

集团军司令为完成任务不惜采用任何必要手段，而他的任务中几乎百分之八十就是鼓舞士气。

〔美〕巴顿：引自《19 颗星》

在所有军事属性中，最令人羡慕的是勇气。

〔美〕麦克阿瑟：引自《19 颗星》

每个人都害怕，越是聪明的人，越是害怕。勇敢的人是这样一些人，他们不顾害怕，强迫自己坚持去做。

〔美〕巴顿：引自《19 颗星》

国家的传统和习性（好战的、爱好和平的、中立的或冷漠的）是一种指数。纪律性、忠诚、进取心以及包括对服兵役的态度在内的一般的士气，则是另一种指数。

〔美〕柯林斯：《大战略》

行为和情绪方面的特点的确不仅对于个人的能力而且对于民族的能力都有直接的影响。至于影响有多大，影响的方式又如何，那是战略家考虑的问题，他们必须找到有效的方法来利用民族力量中的这些难以捉摸的因素。

〔美〕柯林斯：《大战略》

最重要的情绪可能会转化为民族意志或士气。多数权威人士认为，意志或士气是战略诸因素中的一个重要因素。

〔美〕柯林斯：《大战略》

最勇猛的竞争者如果意志坚决而肉体虚弱固然会有被打垮的危险，但是二流国家有时能打垮缺乏民族韧性的大国。

〔美〕柯林斯：《大战略》

摧毁敌人抵抗的决心比削弱敌人的物质能力远为重要。在某种情况下，暴力可以起到很好的作用。但暴力和瓦解民族意志相比，暴力的作用充其量也是微乎其微的。

〔美〕柯林斯：《大战略》

在靠挫败敌人的士气来解决问题的一切办法中，强制是最难产生持久效果的。压迫可以暂时使敌人屈从，但留下了潜伏的仇恨。

〔美〕柯林斯：《大战略》

爱国主义可能以热爱国家、地区、种族、家庭、组织或朋友的名义出现。爱国主义一般是集体努力的产物。如果有相当多的人具有爱国主义思想，他们就会相互影响并去影响那些爱国热忱较差的成员。

〔美〕邓尼根：《现代战争指南》

只要有足够的勋章，我就能够征服世界。

〔法〕拿破仑：引自《19 颗星》

你应用种种方法激励士兵继续服役。只要你能对老兵特别尊重，此事极易办到。饷银亦应照服役年数的比例增加。老兵的待遇不能高于新兵，乃是最不公平的事。

〔法〕拿破仑：引自《拿破仑兵法语录》

一个军官如果利用着他在替国家服务时所获得的知识，将国防的关键贡献于外国，那是无可原恕的。无论就宗教、道德或荣誉的原则说，这都是一个可耻的罪恶。

〔法〕拿破仑：引自《拿破仑兵法语录》

主将由于上峰命令而从事必败的战争，是同样的有罪。

〔法〕拿破仑：引自《拿破仑兵法语录》

欲使士兵勇敢，不是临阵前的激昂训话所能奏效。老兵几乎是不听话的，新兵则在开第一炮时即把它忘记了。如果演说和辩解亦有有用之时，那应是在战役进行期间，用以消灭谣言与不满心理，用以维持行伍间的正常精神，用以供给露营中的谈话资料。这种目的，亦能借印成的作战指令来达到。

〔法〕拿破仑：引自《拿破仑兵法语录》

自己临危退避，致陷友军于更险地位，显系一种卑鄙行动。此种行为应遭严禁，应宣布为可耻，应罚以死刑。将领、军官、士兵，如于作战时借投降以逃生，应择尤处死以警。命令军队投降及服从命令之人，实属同为叛逆，均得处以极刑。

〔法〕拿破仑：引自《拿破仑兵法语录》

"一致"可以产生力量，秩序可以保证一致，而纪律又是秩序的先导。如果没有纪律和秩序，是决不可能取胜的。

〔瑞士〕若米尼：《战争艺术概论》

严厉但不带屈辱性的军纪，以信念为基础，而不是靠形式主义的队列勤务所培养起来的服从和执行命令的精神。

〔瑞士〕若米尼：《战争艺术概论》

至于平时的奖励和晋升问题，坚持要重视年资这很重要，但是决不可以忽视功绩。在每次办理这一事项，应有四分之三的军官按职资晋级，而其他四分之一的军官的晋升，则应按选拔的原则，根据各人的才能和勤奋程度决定。

〔瑞士〕若米尼：《战争艺术概论》

在战时，按职资晋升的办法应该完全停止，或者至少应该减少，仅给三分之一的人员按职资晋级，其余三分之二的晋升名额应该分给能力出众和战功卓著的人员。

〔瑞士〕若米尼：《战争艺术概论》

败退是懦夫，也是要命的。

〔美〕巴顿：引自《19 颗星》

在我们的军队里，我们不要胆小鬼。

〔美〕巴顿：引自《19 颗星》

纪律只有一种……这就是完善的纪律。假如你不执行和维护纪律，那就是潜在的杀人犯。

〔美〕巴顿：引自《19 颗星》

作为战争的指挥者，如果我们不要求严格执行在西点军校所学的那种纪律，我们就是凶手和自戕者。

〔美〕巴顿：引自《19 颗星》

所有士兵希望得到的前进动力是对他们工作的重视和赞赏。

〔美〕巴顿：引自《19 颗星》

在组织士兵集体训练，对待下属各指挥官时需要懂得心理学，有些人，只要表扬一下就会做得更好，有些人则需要督促。

〔美〕麦考利夫：引自《19颗星》

附录 1 西方谋略思想精要

　　熟悉西方历史的人都知道，像中国古代的幕僚、宾客一类的职业"谋士"在近代以前的西方是名不见经传的，而且，关于谋略的专门论著也很少。这就给有些人造成一种误解，以为西方人是不讲谋略的。实际上，西方人无论是在谋略思想还是在谋略实践上，其广度和深度都足以与东方人相媲美，只不过具有与东方谋略不尽相同的表述方法、有许多鲜明的西方智慧的特色而已。

　　西方历史上的伟大人物，大都是思虑深远、功勋卓著的谋略家，他们有的是思想深刻的哲学家（如亚里士多德、康德、马克思），有的是安邦定国的政治家（如伯里克利、丘吉尔、罗斯福），有的是驰骋疆场的军事家（如恺撒、拿破仑、麦克阿瑟），有的是纵横捭阖的外交家（如泰米斯托克利、俾斯麦、基辛格），有的是强国富民的实业家（如贝尔、福特、雅柯卡），如此等等，数不胜数。他们在各自的历史舞台上，在各自的领域里，极谋穷思，沉着机敏，发奋图强，为人类文明的进步和发展都作出过非凡的贡献。当然，由于篇目的限制，我们在这里不能——列举这些谋略家们的杰作，而只能对其谋略思想的源泉作一概要的说明。因为只有这样追根溯源，我们才能认识到西方谋略家们的精神力量所在，才能认识到西方文明的发展史也是始终离不开谋略的。

　　众所周知，西方文明有两大源头：一支是希伯来文明，提供了基督教的许多历史背景材料，包括它的圣诫、它的创世故事、它的关于上帝是法律制定者和最高审判者的观念等等，《圣经》三分之二以上的篇幅都出于希伯来文化；另一支是希腊文明，提供了关于人的自由和理性精神的哲学，它视自由探索的理性精神是人类至高无上的权利，也是必不可少的义务，它赞美人是宇宙中最了不起的创造物，对人类的尊严和价值作出了充分的肯定。在希腊哲学家们的启发下，罗马的法学家们制定了详尽的法律制度，并赋予了相应的理论根据。基督教的开创者们则汲取了以前各大文明的营养，逐渐创立了一套庞大而复杂的宗教政治理论体系，统摄了整个中世纪人们的头脑，在西方历史上造成了深远的影响。中世纪后期，由于资本主义的兴起和资产阶级的产生，西方出现了文艺复兴和宗教改革，古代文明中较为合理的因素重新得到了弘扬。在商业革命和工业革命的推动下，近代的西方人狂热地寻求社会合理性的政治法律理论，寻求征服自然的科学规律，寻求争夺资源和财富的途径。这一思潮汹涌、奇才辈出的历史时期，谋略思想和实践都有长足的进步。

在西方人的谋略思想和实践中，除了以往提到的理性精神、法律制度和宗教信仰外，还有两条很重要的主线贯穿其中：一是利益至上的观念，不同的时代不同的人打着不同的旗号，究其实质，则无不把"利益"（某人、某团体或某一民族、某一国家的利益）为首要准则，为了争得利益，可以不择手段；一是开拓进取的意识，这不仅表现在历代帝国开疆拓土、侵略成性，而且也表现在近代以后生气勃勃、日新月异的科学实践和建功立业、强国富民的实业精神。

下面，我们就以西方文明中这最具特色的五个方面为核心，简要地叙述一下西方谋略思想的渊源。

一、理性精神

在古代世界的所有民族中，其文化最能反映出西方精神的楷模者是希腊人；在希腊人辉煌灿烂的文化中，对世界文明进程贡献最大、影响最为持久的是希腊哲学的理性精神。在希腊人的思想中，没有什么是他们不敢去探讨的问题，没有什么是应排斥在他们理性领域之外的题目。知识高于信仰，智慧高于一切。他们赞颂自由的探究精神，从自然界到人类社会，无不留下希腊哲人们求索的足印。希腊哲学成为人类社会取之不尽、用之不竭的精神源泉。

严格说来，理性精神成为哲学家献身的目标，应始于苏格拉底及其弟子柏拉图的"辩证法"。这种"辩证法"的意思是，通过谈话、问答、反复辩难、不断地向上追溯来寻求知识和真理，寻求形而上的根本观念的内涵。在柏拉图回忆苏格拉底的《对话录》里，生动地描述了许多这样的场景：其貌不扬、不修边幅的苏格拉底经常站在希腊自由民的人群中，滔滔不绝地和别人讨论哲学问题。他有一种神奇的辩才，往往引导人们从最具体的生活细节追溯到最深邃的哲学道理，使人们"自知其无知"，受到莫大的启发和鞭策。

许多西方特有的形而上观念，都是由苏格拉底及其后继者们通过这种"辩证法"的方式探索出来的，为西方人数千年来所坚信不疑。例如真、善、美、正义、自由、平等这六大观念就具有永久的生命力，它们反映了人性中的某些普遍要求，在不同的时代有不同的表现形式和具体内涵，一旦被谋略家们阐发出来并加以宣扬，渗入到人们的心中，激发出来的精神力量是难以估量的。法国大革命中的雅各宾派领袖罗伯斯庇尔深受启蒙思想家卢梭的影响，早年对正义、自由、平等这些社会秩序的重大原则进行过深入的思考，这使得罗伯斯庇尔在大革命的风暴中掌握了锐利的思想武器。他发表了无数慷慨激昂、铿锵有力的演说，主张人民的意志高于一切，强烈呼吁普选制度，大胆抨击特权等级践踏人民的自由权利等等，在广大人民的心中激起了强烈的反响。罗伯斯庇尔因此成了当时的"风云人物"，虽然他最后失败了，但他宣传的正义、自由、平等观念留给后人的影响是巨大而深远的。

西方的理性精神是深入人心、经久不衰的，它不仅只是哲学家们的事业，也是从帝王将相到普通老百姓的事业。自柏拉图以来，"哲学王"成了很多有作为的谋略家们的理想，他们对形而上的观念都抱有极大的兴趣。比如16世纪的英国女王伊丽莎白一世，年少时候聪明、早熟，学习非常刻苦，她阅读了许多哲学和文学名著，受到全国的人文主义教育和新教伦理的熏陶。这种理性主义的教育使她受益匪浅，成为伊丽莎白一世成功的必要条件。她知人善任，治国有方，富有政治远见，倡导文艺复兴和宗教改革，使英国的资本主义得到迅速的发展，一跃成为当时的世界强国。再比如康德的《纯粹理性批判》出版以后，在18世纪的欧洲引起轰动，千百万人求之若渴，这本高深莫测的哲学书一时竟成了王侯贵族和公子小姐们作为时髦炫耀的手段。如果在没有普遍的哲学兴趣和理性主义熏陶的社会里，这样的现象岂非咄咄怪事！

　　西方人最可贵的精神支柱，就是不计成败利害地强调探索的客观性，而且这种探索所追寻的真理是具有独立性的。正是这种尊重客观真理、探索客观真理的精神，成了近代科学发轫的最强劲的推动力。如果说认识世界和改造世界是谋略的主要目的之一，那么有什么样的谋略能比希腊哲学家倡导的理性精神更具有威力呢？

　　研究一下西方科学思想成长的历史是颇有启发意义的。一部资本主义发展史中，最引人注目的就是理性精神被重新发现并发扬光大。理性精神和资本主义相互激荡，产生了近代的科学和技术，科学技术又反过来促进理性精神的弘扬和资本主义生产的发展。自1300年持续了三个多世纪的文艺复兴运动，表面上是古典文化的复兴，实际上则表达了人们对理性主义和世俗主义的热爱，表达了人们冲破中世纪宗教迷狂的愿望；而自16世纪开始的宗教改革，其表现为回到《圣经》和原始基督教的教义，虽然也具有反理性崇信仰的倾向，但却从另一方面表达了人们对自由和平等的要求。路德教强调信仰即可"得救"，

"以信称义"，这就使人人都有"得救"的可能，也即反映了人人都是平等的、人人都可以自由地信仰上帝、普天之下皆兄弟姊妹的原始教义。加尔文教则强调虔诚的、高尚的、积极的生活是基督教教民们庄严的职责，把节俭和勤劳的商业道德置于崇高的地位。

新教的这些教义把人们从天主教罗马教会的精神桎梏中解放出来，促进了资本主义的发展，在客观上也有利于理性精神的阐扬。因为人们开始重新肯定自己的尊严和价值，再也不是沉浸在宗教迷雾中，匍匐在上帝脚下不敢越雷池一步。正是由于文艺复兴和宗教改革对人的精神自由的解放，近代科学的理性精神才在资本主义的欧洲萌发、滋长、发展、壮大了。

其实，西方的理性精神在所谓的中世纪黑暗时代也并没有泯灭。特别是在中世纪晚期，基督教经院哲学的繁琐论证，使自己陷入了不能自拔的境地。唯实论和唯名论之间的长期争论（哲学上"理性主义"这一名词就源于这场争论），并没有把"上帝的存在"论说清楚，却走向了宗教精神的反面。比如托马斯·阿奎那就持一种理性主义的态度来试图证明基督教教义的合理性，他相信宇宙是受理智的目的约束的一个有秩序的整体，而且上帝赋予人以理智的能力去认识它。他的《神学大全》企图把亚里士多德的理论与基督教教义结合起来，客观上却事与愿违，把古希腊哲学的理性精神带进来挖起了宗教大厦的墙脚。不可否认的是，近代科学家从这样的神学体系中汲取了不少的营养成分，像笛卡儿、莱布尼茨、牛顿等大科学家都是虔诚的基督教徒，而且他们的思想中带有明显的托马斯主义的痕迹，这说明他们的科学思想与其宗教信仰是并行不悖的。

科学发展到 20 世纪，理性精神更是显示出其无比强大的生命力，爱因斯坦的相对论、哥本哈根学派的量子论、电脑革命、信息时代、太空时代……哪一次科学上的革命不是人类理性精神的创造？哪一项技术上的突进不凝聚着人类理性精神的光华？

至此，我们不能不击节赞叹一声：西方的理性精神本身就是最优秀的谋略思想，使理性精神的火炬代代相传的哲学家和科学家们本身就是世界上最优秀的谋略家。

二、法律制度

古代罗马人承接了希腊的思想文化，在别的方面都建树不大，但却形成和创立了一套颇为详尽的法律制度，给人类文明留下了一份宝贵的遗产。

罗马法的最初形态是"十二铜表法"，这部最原始的成文法是罗马共和制下平民与贵族作斗争的胜利成果。虽然其中的大多数条款只是对古老习惯的因袭，但却改变了执政官和元老们任意解释法律的局面，使人们明确了依法办事是国家秩序和人民权利的保障。这成为西方人信守始终的基本观念之一。后来，随着罗马政制的不断变化，"十二铜表法"被逐渐修改了，加进了许多新条例和新原则，其中有的来自习惯上的变化，有的来自古罗马哲学斯多葛派的教义，有的来自判决书，尤其是大法官的文告，有的则来自法学家们在法庭审判时对案件的法律争议问题发表的意见。这样，罗马法渐渐地形成了一套松散的体系，由公民法（罗马及其公民的法律）、万民法（罗马帝国辖制下的所有居民的法律）和自然法三部分组成。

罗马法中最抽象也对后世影响最深的是自然法的司法概念。自然法思想起源于希腊化时代的"斯多葛派"，但作为一项法律原则的自然法之父则是古罗马最著名的演说家和政治家西塞罗。西塞罗宣称，真正的法律是广泛流传于一切人中的、永恒不变的，与人的天性相一致的正常理智。上帝赋予所有的人以同样的理性，使他们能分清善恶，因此在自然法面前，人人都应该是平等的。这种抽象的法理学在西欧产生了极为深远的影响，后来又同样地影响了美国及其他国家的法律制度。

从 16 世纪开始，西欧、北美爆发了一系列的资产阶级革命，同时也应运出现了一大批以自然法理论为基点阐述其政治法律学说的思想家，如荷兰的格劳秀斯、斯宾诺莎，英国的霍布斯、洛克，法国的卢梭、孟德斯鸠，美国的潘恩、杰斐逊等人。其中最为著名的要数作为资产阶级革命思想先驱的约翰·洛克和让·雅克·卢梭，他们的理论包括自然状态、自然权利、自然法和社会契约为内容的自然法思想。

洛克认为，在人类进入文明社会以前，曾存在过一种自然状态。这种自然状态有一种人人所应遵守的自然法对它起着支配作用，而理性也就是自然法，教导着有意遵从理性的全人类；人们既然都是平等的和独立的，任何人都不得侵害他人的生命、健康、自由和财产。而人们从自然状态进入文明社会，放弃部分自然权利建立国家成立政府的目的就是为了保护他们的生命、自由和财产的安全。为了保障这些天赋的人权，政府要在自然法的基础上制定法律和法令，政府必须在有限的条件内运用其权力。

卢梭吸收了洛克的理论，并作了更深刻更激烈的阐发。他认为，按照自然法的原则，真正合乎理性要求的国家应该是社会契约的产物。人们在完全平等的基础上自愿结合，建立国家，制定法律。因此国家主权是属于人民的，法律也是人民公共意志的体现。人民主权是公共意志的运用和体现，公共意志永远代表着大多数人民的意志和利益，所以人民主权是不可转让、不可分割、不可代表的，具有至高无上的绝对权威性。这是一种激进的革命民主主义理论，对法国大革命中的雅各宾派的革命斗争有过直接的指导意义，罗伯斯庇尔就自称是卢梭的忠实信徒。

洛克和卢梭的政治法律学说对资产阶级政治法律制度的建立具有重大影响。资产阶级革命胜利后颁布的一系列重要文献和宪法，如1776 年美国《独立宣言》、1789 年法国《人权宣言》、1787 年美国宪法，1791 年和 1793 年法国宪法等等，都反映出这些伟大思想的影响力。

《独立宣言》宣布："人人生而平等，造物主赋予他们若干不可剥夺的权利。其中包括生命权、自由权和追求幸福的权利，为了保障这些权利，人类才在他们之间建立政府，而政府的正当权力，是经被治理者的同意而产生的。"

《人权宣言》也宣称："在权利方面，人们生来是而且始终是自由平等的"，"任何政治结合的目的都在于保存人的自然的和不可动摇的权利，这些权利就是自由、财产和反抗压迫"，"法律是公共意志的体现，全国公民都有权亲身或经由代表去参加法律的制定"。

西方近代以来的每一次重大变动，都是由于思想上的原因作为背景而发展起来的。当一种运动达到真正的革命程度之前，必须有一套思想的支持。这套思想不仅提供行动的纲领，而且也要对最终要实现的新秩序提出光辉的前景。如果说推翻旧秩序建立新秩序，争取更多的民主、自由和平等也是人类谋略的主要目的的话，那么西方资产阶级革命时期的思想家是当之无愧的大谋略家。虽然他们的谋略思想是抽象的，在具体实现的过程中必然有所缺憾，但是现代资本主义社会具有一定程度上的民主、自由和平等，不能不首先归功于这些伟大的思想家的启蒙。

西方的法律制度是西方文明的主要精华所在，从古代的罗马法到近现代的资产阶级法律制度，是西方历代思想家的理性产物，也是西方历代谋略家的实践结果。西方历史上任何一个有所作为的政府成立之际，往往要颁布一部适合当时社会状况的法典，任何一个政治谋略家想建功立业，都不会忘记法律制度的重建，这决不是偶然的。"以法治国"是古罗马的奥古斯都，英国的伊丽莎白一世，法国的拿破仑，俄国的彼得一世，美国的华盛顿、林肯、罗斯福等人政绩累累的关键所在。本着取其精华、去其糟粕的原则，这些伟大政治家的谋略对我们建设有中国特色的社会主义是有借鉴作用的。

　　比如"雾月政变"后取得法国最高领导权的拿破仑，在指挥法国军队打垮了英、俄、奥等国欧洲反法联盟之后，立即着手组织法学家编撰法典，并多次参加编撰过程中重大问题的讨论和重要条文的修改。拿破仑要求法学家们：要做政治家，不要做法律的制造者，也就是要以维护新兴资产阶级利益和巩固资产阶级革命成果为原则。经过四年多的努力，著名的《拿破仑法典》于1804年3月21日产生了。这部法典共2281条，它规定了资本主义私有制度，保证私有财产不受侵犯；稳定了小农土地所有制，保证农民使用自己的小块土地；规定了公民的所谓"平等"和"契约自由"等原则，保证了法国公民的若干权益。在以后的一个多世纪里，经过修改的《拿破仑法典》一直是法国和比利时的法律，它的一大部分被吸收进德国、意大利、瑞士、日本和美国路易斯安娜州的法律体系。可见，一部优秀法典的制作，是一出多么高明的谋略。由于这些"妙谋"，拿破仑就不仅仅是杰出的军事家，而且也是资本主义历史上不可多得的政治家之一了。西方历史上这样的例子还不少，这里就不一一介绍了。

三、宗教信仰

　　基督教的产生和发展是西方文明史上最重要的事件，它之所以能迅速地崛起并传播开来，成为西方的"普世宗教"，对西方世界的宗教、政治、经济、思想文化各方面产生不可磨灭的复杂影响，是与它的创教者耶稣和以后的"圣徒"们的高超谋略艺术分不开的。基督教比任何其他宗教都更能激发人们的宗教热诚去为它的争权夺利服务，更会利用人们的宗教感情去实现它的"救世"理想。

　　基督教兴起于罗马统治下的近东犹太人之中。在充斥着宗教感情和政治不满情绪的气氛中，木匠出身的耶稣开始了他的传道活动。他一边驱除魔鬼、医治病人，一边宣讲他的教义。他斥责无耻、贪婪和放荡的生活，并以自己的行为做榜样，要求人们过着谦卑、自制的生活。他宣称上帝是慈爱的父亲，世间的所有人都是兄弟姊妹；上帝将惩恶扬善，世界末日即将来临，恶人将被打入地狱，善人将升入天堂与上帝同在。显然，耶稣相信他的使命就是引导人们反抗罗马统治，拯救人类脱离谬误和罪孽。

他的传道活动吸引了大批的信徒，同时也就引起了大祭司和罗马统治者的恐慌。罗马人把耶稣钉死在十字架上，却没有想到这竟成了基督教"救世"的象征。耶稣的追随者谣传耶稣死而复活，相信他是真正的神，他的死是为人类"赎罪"。使徒保罗、彼得等人到处宣扬这种神秘传说，团结了更多的受压迫者。他们不断地召集秘密会议，结果不断地受到罗马政府的迫害。谁知这种迫害反倒成了基督教发展壮大的有利因素，因为牺牲者面对死亡的凛然态度是对基督教信仰和死去基督教徒的最好宣传。

这就使得宣扬克制、顺从、爱自己仇敌的基督教迅速成长，以致在公元311年罗马皇帝不得不放弃对它的迫害，后来又通过一系列的法令，基督教竟成了罗马帝国"唯一合法"的信仰。

公元476年，由于人民起义和"蛮族"入侵，西罗马帝国灭亡了，而作为"国教"的基督教并没有随之坍倒，反而把它当成了一次良好的发展机会。当时的西派教会迅速作出了相应的对策：

一、摆脱东派教会的压迫和牵制；二、承认"蛮族"所建立的国家，向那些地区派出传教士进行布道活动，积蓄力量以重振教会权威。传教士们通过不懈的努力，竟然成了"蛮族"的老师，向他们传授文化各项成果，其中包括语言、文学、科学、哲学、艺术、政治制度、教会的组织制度等等。在这些文化成就的吸引下，也为了形成统一的封建国家的需要，"蛮族"的首领们接受了基督教，号召他们的下属受洗礼，放弃原来各氏族内部的多神教信仰，并把基督教重新扶持上

"国教"的宝座。在当时混乱的局面中，基督教会作为西欧社会唯一秩序井然的组织，对于社会的重新安定、古代希腊罗马文化的传承，客观上都起过积极的作用。

事实上，在整个中世纪里，基督教会也正是通过对思想文化的垄断，使欧洲人陷于神学的泥潭之中，心甘情愿地接受基督教信仰，并依从于教会统治的。这种通过"占领人们的头脑"来达到统治目的的谋略，罗马教会和基督教的"圣徒"们运用得最为娴熟，其功过是非都将由历史去评判。

在中世纪后期，教会的势力已经非常强大，产生了以罗马教皇为首的包括西欧各国的基督教联邦，设立了宗教法庭，改革了寺院制度，大力兴建教堂和学校。教会的代表们为新生的婴儿施洗，为新婚夫妇祝福，为"有罪"的人祈祷，听垂死的人忏悔，几乎没有他们权力范围以外的事情，以至于教会要和国王贵族们争夺起"世俗权力"来。

教皇与世俗权威之间的冲突持续了四个多世纪才渐渐平息。这段时期内发生的冲突事件都是极富戏剧性和谋略技巧的，以下是几个最有名的例子。

首次最激烈的冲突源起于所谓的"克吕尼复兴"，教会困境时，统治集团一般就要借机对外扩张，把解决内部矛盾的希望寄托在对别的城邦或国家的掠夺之上；而当强敌入侵，城邦或国家面临灭亡的威胁时，各个集团也往往会放弃前嫌，团结一致，有时也和其他相邻的城邦或国家建立联盟，共同对敌，但当强敌一旦消失，联盟往往又很快解体，相互争夺起各自的利益来。这就是西方古代进行的多次战争的一般模式，诸如希波战争（波斯和希腊之间的侵略与反侵略战争）、伯罗奔尼撒战争（雅典和斯巴达的利益争夺战）、布匿战争（罗马与迦太基的利益争夺战）、亚历山大征服波斯、恺撒征服高卢等等，概不能外。而居鲁士等人建立的波斯帝国、亚历山大大帝建立的马其顿王国、恺撒等人建立的罗马帝国的侵略扩张行为，则为近代以后的西方各国的帝国主义政策提供了效法的"榜样",也展示了西方人以国家民族利益为招牌从事掠夺活动的悠久历史传统。

近代以后的西方,随着资本主义生产的发展,民族国家的兴起,各国专制主义制度的建立,国家与国家之间的关系变得日益纷繁复杂,争夺殖民地、资源、市场等等的利益冲突无时不有,争夺的手段也变本加厉,从单纯的战争方式衍生出各种阴谋诡计来,道德和正义在愈演愈烈的国家利益冲突中沦落成相互欺骗的一纸空文了。

四、利益至上

正是处在这种"强权即真理"的时代,正是出于对祖国被欧洲列强瓜分而感到的无比愤懑,意大利思想家马基雅维利在 1513 年写成了《君主论》,首次明确提出了"国家利益"高于一切的思想观念。他说,为了保障自己的国家利益,君主不需要考虑什么道德信义,应该随机应变,不择手段,"目的总是证明手段是正确的"。他力劝意大利国君们应当从一切道德的约束中和宗教信条中摆脱出来,唯一的目标就是"国家利益"。这是对历史经验的总结,更是启发了后来的政治家们。从此以后,政治领域中的联盟与反联盟、签约与毁约,外交领域中的欺诈、收买、间谍活动等等,似乎都成了天经地义的事情,"国家利益"的旗号成了一切阴谋与侵略行径的遮羞布。

公元 1740 年,奥地利皇帝查理六世死后无子嗣,由他的女儿玛丽亚·特莉莎继位。这本来是属于国家内政,但普鲁士国王弗里德里希二世却借机寻衅,要求玛丽亚·特莉莎把奥地利的重要工业区西里西亚割让给他,以换取普鲁士对她王位的承认。这一利欲熏心的蛮横要求被当然拒绝后,弗里德里希二世便率军攻打西里西亚。由于不久以前的"三十年战争"中法国与奥地利仇怨甚深,法国也加入其中助战,希望掠得一些战利品。谁知弗里德里希二世向来欺诈成性,崇信"要是必须进行欺诈的话，最好是我们去欺诈别人"这样的信条。他玩弄两面手法，一面和法国结盟，一面却与奥地利订立秘密停战协定；一边派军队去支援法军，一边又趁机占领了西里西亚。结果这场战争打下来，法国"偷鸡不成反蚀一把米"，白白耗费了大量金钱和兵力；奥地利女王虽然得到了普鲁士对她的"承认"，却丧失了大片珍贵的领土。弗里德里希二世则轻易地实现了他的利益目标——西里西亚工业区，把诺言和信义早搁到一边去了。

接下来的"七年战争"（公元 1756 年—公元 1763 年）中，英国的策略则更是高明，把狡猾的弗里德里希二世也玩弄了，取得了大量的实际利益。本来，英国一直是奥地利的"盟友"，看到普鲁士打败奥地利之后，便转而与普鲁士结盟。俄国本来与英"盟友"，打算共同对付普鲁士的扩张行动，没想到英普又联盟，不由得恼羞成怒，便与法国、奥地利携起手来。法国与奥地利之所以成为"盟友"，当然是因为前不久共同上了普鲁士的当。法奥俄三方约定，共同出兵对付英国和普鲁士，胜利后瓜分普鲁士领土。因为英国是岛国，四面环海，而且海军特别强大，易守难攻，法奥俄联盟军队便集中打击普鲁士，使弗里德里希二世的王国处于危急的境地。英国则另有图谋，一边只给普鲁士以金钱援助，采取一些表面的军事行动，一边把主要力量去夺取法属殖民地，很轻易地夺得了加拿大、印度和路易斯安娜的一部分。可怜的普鲁士充当着英国的挡箭牌，不仅一无所获，而且要不是当时的俄国女皇病死，沙俄转而与普鲁士结盟的话，普鲁士将难免于覆亡的悲惨结局。在这场世界性冲突中，英国人占尽了便宜，法国、西班牙、奥地利、俄罗斯和普鲁士都不知不觉地为英国的迅速崛起"贡献了力量"。

长期以来，西方国家为了各自的利益，互相推诿、互相陷害甚至互相残杀，这种恶劣的传统在 20 世纪 30 年代演变成臭名昭著的"绥靖主义"，给法西斯德国、意大利和日本提供了极好的可乘之机，终于导致了惨绝人寰的第二次世界大战。

1935年，德国政府根据希特勒的指令，撕毁了凡尔赛条约（第一次世界大战后的停战协议）关于裁减德国军备的条款，宣布恢复普遍兵役制。接着，希特勒又耍弄外交手腕，和英国签立协议，重建了强大的海军。1936年希特勒又公然派军队进驻莱茵省非军事区。所有这些蔑视凡尔赛条约的做法，英法等国只是无关痛痒地表示遗憾。同样，1936年意大利侵入埃塞俄比亚，1931年日本侵入中国东三省，"国际联盟"也始终无动于衷，没有任何强制性的制裁措施。意埃战争以后，德国与意大利两国法西斯联合起来，攻打西班牙人民阵线政府，英法又因为害怕"赤祸"蔓延，仍然采取袖手旁观的态度，即使失去西班牙这个战略要地也不在乎。1938年，德国又吞并了奥地利，消息传来，英国首相张伯伦等虽然深感战争威胁，但还是决心不惜一切努力来"安抚"希特勒。同年9月的"慕尼黑会议"上，英、法、意共同出卖了捷克斯洛伐克，达到了"绥靖主义"丑剧的高峰，同时也就把第二次世界大战变成"不可避免"的事实了。可见，在现代社会里，"国家利益"固然是个好听的口号，但如果不建立在正义的基础之上，片面追求自己国家的富强，不惜牺牲别国的利益，甚至悍然发动侵略战争，或者纵容"战争狂人"的行径，最终必然要引火烧身，逃脱不了正义力量的惩罚。在国际关系越来越密切的今天，不讲信义或掠夺成性的"国家主义"和"民族主义"已被热爱和平与正义的人们所唾弃。当然，利益分配与利益冲突是不可能消失的，"国际法"的协调与平衡将日益显示其强大的威力。

五、开拓意识

西方人的开疆拓土从一开始就是与武力征服连在一起的，"殖民地"在遥远的古代便成了人们熟悉的字眼，当然，这个词也不完全是贬义的（至少在西方人的观念中是如此），其中意味着对被征服者的屠杀和掠夺，也意味着对"野蛮"民族（实际上是文化相对原始或落后的民族）的开化和文化的传播；其中有"血"的残酷，也有"火"的希望，在"血"与"火"交织的图景中，居鲁士、大流士、亚历山大、恺撒、彼得一世、拿破仑……这些"征服者"的形象斑驳地留在了历史的记忆里。

马其顿国王亚历山大即位之初，年仅 20 岁。他快刀斩乱麻般地迅速平息了马其顿王国统治下希腊各城邦的叛乱，重新稳定了政局以后，便决定组织对波斯帝国的东征。他远征亚洲的目的，是想减轻希腊各城邦的经济和政治危机，同时满足马其顿贵族和希腊奴隶主的贪婪欲望，换取人们对他的支持。当时的波斯帝国已经衰落，维持着表面上的繁荣和强大，实际上毫无凝聚力，军人毫无斗志。在亚历山大军队的勇猛进攻下，波斯统治下的许多城邦不战而降，把亚历山大看作他们的救星。波斯国王大流士三世虽然还有庞大的军队，但却没有像亚历山大那样，指挥有方，勇敢坚强，能鼓舞士气。经过数次激战之后，亚历山大打败了大流士三世，几年时间便征服了广阔无垠的波斯帝国领土。

亚历山大的征服在历史学家的眼里评价不一。但不管怎样，这位马其顿的年轻国王毕竟是以他特有的最迅速最深入的方式促进了东西方文化的融合和经济的交流。亚历山大深知，单靠马其顿人的军事力量是无法统治如此辽阔的帝国疆域的。于是，他一边把希腊文化注入亚洲，一边又袭用了许多波斯旧制，所谓的"希腊化文明"就是这样形成的。希腊化文明在很多方面与近代文明相似，比如大商业的成长、贸易的扩张、醉心于物质享受、大都会城市的兴起等等，所有这些都是与亚历山大大帝的名字联系在一起的。希腊化时代还为基督教的产生准备了历史文化上的条件，这也显示了亚历山大的短暂一生对于西方历史是多么重要。据传在亚历山大东征之前，他把自己的所有财产都分给了部属，有人就问他："陛下，您把什么留给自己呢?"亚历山大充满自信地回答："希望! 我把希望留给自己了。"亚历山大大帝的"希望"真的为西方人和世界文明留下了无穷的财富。

彼得大帝一生的作为也同样显示了西方人的开拓意识。他早年胸有大志，勤奋好学，具有深思的习惯和敏锐的头脑。他即位之后，深感俄国的贫穷落后，便于1697年随俄国使团秘密出访，学习西欧先进的政治制度和科学技术，并为夺取南方出海口作准备。回国以后，他励精图治，迅速推行改革，主张向西欧发达国家学习。他的改革冲破了俄国贵族的惰性和阻力，巩固和发展了封建农奴制度，使经济实力和军事力量得到了增长。在这样的基础之上，彼得大帝开始实行起他的对外扩张政策来。

17世纪的俄国，辽阔的疆土与海岸线的联系被土耳其、瑞典等国切断，从而失去了广泛利用廉价海运对外贸易的功能。具有谋略眼光的彼得大帝看出，如果想要使俄国富强起来，第一步就是打通出海口。1695年和1696年，他两次率军攻打土耳其人的领区亚述，首先控制了亚述海上的霸权，但还是无法进入黑海。1697年彼得在秘访途中，发现控制波罗的海的瑞典与波兰、丹麦等国矛盾很深，而且普鲁士和萨克森等国也觊觎瑞典的领土。彼得大帝由此改变了计划，转而与这些国家缔结盟约，制定了夺取瑞典的波罗的海口岸的战略措施。1700年至1721年整整20年中，彼得大帝一边大力发展俄国海军，一边进行多边外交，一边率领俄军与瑞典作战。虽然屡次失利，而且国际关系也不断地发生变化，但彼得大帝的目标始终如一，决不动摇。他既注意激励俄国军民的斗志，又注意采取灵活机动的战略战术，终于赢得了1709年波尔塔瓦战役的决定性胜利。战争后期，彼得派出使团与瑞典谈判，又摆出各种"高姿态"，表示只要波罗的海口岸，别的占领区都归还给瑞典，而且实施和亲策略，施展外交手腕，终于逼迫瑞典人就范。从此，俄国由落后的内陆国家一跃成为海上强国。

马克思、恩格斯曾经在《共产党宣言》中写道："美洲及环绕非洲航路的发现，给兴起着的资产阶级开辟了新的活动场所。东印度和中国的市场，美洲的殖民化，对殖民地的贸易，交换工具以及一般商品的增加，给予了商业、航海业和工业一种前所未有的刺激，因而也就使崩毁着的封建社会里所产生的革命因素迅速地发展起来。"这段话把西方人的开拓意识在资本主义兴起与发展中的作用作了生动的概括。从航海探险到殖民扩张，从掠夺资源到争夺市场，从贩卖黑奴到屠杀印第安人，一部资本主义发展史表现为冒险开拓的奋斗史，同时也是充满罪恶和沾满鲜血的殖民史。

时至今日，西方人的开拓意识较多地用在了科学实践和商业竞争之中，使现代社会的节奏不断地加快，人类征服自然和改造自然的本领不断地提高，国际间的政治、经济、文化各方面的联系也以前所未有的高速度增多了。正是由于开拓创新，才有本世纪以来科学技术的一系列革命，使人类步入"信息时代"、"太空时代"、"智能化时代"、"全球一体化时代"；也正是由于开拓创新，国家和地域间的经济交往日趋密切，"贸易战争"愈演愈烈，于是出现了"经济共同体"、"经济圈"，出现了协调贸易关系的"关贸总协定"，等等。西方人的开拓精神渐渐地成为全世界有识之士的共同财富了。

当然，帝国主义的侵略本性是不会改变的，尽管其方式方法有所变化。我们作为发展中的社会主义国家，在改革开放的过程中不应该忘记近代中国的血泪教训。我们要在政治上自尊自强，在经济上灵活应付，走一条开拓创新、独立自主的强国之路。

附录2 西方著名谋略家生平简介

拿破仑·波拿巴

拿破仑（Napoléon Bonaparte，1769—1821），法兰西共和国第一执政（1799—1804），法兰西第一帝国皇帝（1804—1814）（1815），兼任意大利国王、莱茵联邦的保护人，瑞士联邦的仲裁者，是近代史上世界著名军事家、政治家。

早　年

拿破仑（荒野雄狮的意思）1769年出生在科西嘉岛的阿雅克修城，科西嘉岛当时刚刚被卖给法国。他的家族是当地的一个贵族世家，在父亲的安排下，拿破仑9岁时就到法国布里埃纳军校接受教育。

拿破仑一开始自认是一个外国人，一心希望有一天能够让科西嘉从法国独立出去。16岁时他被授予炮兵少尉头衔。1789年法国大革命爆发后，拿破仑回到科西嘉，希望推动科西嘉独立，但遭到另一个亲英反法的保利集团排挤，最后全家逃往法国。1793年7月，拿破仑带兵攻下了保王党的堡垒土伦，因此受到雅各宾派的赏识。1794年热月政变中拿破仑由于和罗伯斯庇

尔兄弟关系紧密而受到调查，后因拒绝到意大利军团的步兵部队服役而被免去准将军衔。1795 年他受巴黎督政官之托成功平定保王党武装叛乱，一夜之间荣升为陆军中将兼巴黎卫戍司令，在军界和政界中崭露头角。

拿破仑是一名出色的军事家，对当时的军事知识深有研究，善于将各种军事策略运用于实战之中，尤其是主张将火炮集中使用，以及充分发挥骑兵的机动作用。1796 年 3 月 2 日，26 岁的拿破仑被任命为法国意大利方面军总司令，3 月 9 日与情人约瑟芬·博阿尔内结婚，之后便匆匆奔赴前线。在意大利，拿破仑统帅的军队多次击退了奥地利与萨丁组成的第一次反法同盟联军，最后迫使对方签署了有利于法国的停战条约。

埃及之战与权力的取得

取得意大利之役的胜利后，拿破仑的威信越来越高，他成为法国人的新英雄。而他的崛起令督政府感到受威胁，因此任命他为埃及军司令，派往东方以抑制英国在该地区势力的扩张。在拿破仑的远征军中，除了 2000 门大炮外，还带了 175 名各行业的学者以及成百箱的书籍和研究设备。在远征中拿破仑曾下达过一条著名的指令："让驴子和学者走在队伍中间。"拿破仑本人精通数学，同时还十分喜爱文学和宗教，受启蒙运动的影响十分大。

然而 1798 年远征埃及本身是一个大失败。拿破仑的舰队被英国的海军上将纳尔逊完全摧毁，部队被困在埃及。1799 年回国时，400 艘军舰只剩下 2 只小舰，原本侵略印度的计划受阻，人员损失惨重。

此时欧洲反法联盟逐渐形成，而法国国内保皇派势力则渐渐上升。1799年8月，拿破仑最终决定赶回巴黎。1799年11月9日，回到法国的拿破仑发动了雾月政变并获得成功，成为法国第一执政，实际为独裁者。

拿破仑之后进行了多项教育、司法、行政、立法、经济方面的重大改革，其中最著名并且直到今天依然有重要影响的《拿破仑法典》，是在政变的当天晚上就由拿破仑下令起草的，很多条款拿破仑本人亲自参加讨论最终确定，基本上采纳了法国大革命初期提出的比较理性的原则。法典在1804年正式实施，即使是在一个多世纪后依然是法国的现行法律。法典对德国、西班牙、瑞士等国的立法起到重要影响。在政变结束后三周拿破仑向人民发布的公告中，他自豪地宣称："公民们，大革命已经回到它当初借以发端的原则。大革命已经结束。"

征服欧洲，成为皇帝

1800年，拿破仑再度打败奥地利军，英国也不得不与法国签订和约，迫使第二次反法联盟土崩瓦解。1804年5月18日，拿破仑宣布成为法兰西第一帝国的皇帝，但是他并不是由教皇庇护七世加冕，而是自己将皇冠带到了头上，然后还为妻子加冕为皇后。一年之后，他又在意大利由教皇加冕为意大利国王。

1805年8月，奥地利、英国、俄国组成了第三次反法同盟，拿破仑于是在9月24日离开巴黎，亲自挥军东进，到10月12日法军已经占领了慕尼黑。10月17日法国和奥地利在乌尔姆激战后，反法同盟投降。之后法国又取得了奥斯特里茨之战的胜利，反法同盟再度瓦解。拿破仑随后联合了德国境内各诸侯国组成"莱茵同盟"，把它置于自己的保护之下。次年秋天，英国、俄国、普鲁士组成了第四次反法同盟，但是10月14日法军同时在耶拿和奥尔斯塔特击溃敌军，普鲁士的军队几乎全军覆没，拿破仑因此取得了德国大部分地区。1807年6月法军又在波兰大败俄国军队，拿破仑与俄国沙皇亚历山大一世会面，双方签订了和平条约，在此前一年拿破仑颁布了《柏林赦令》，宣布大陆封锁政策，禁止欧洲大陆与英伦的任何贸易往来。

转折：入侵西班牙、奥地利与俄罗斯

1807 年末西班牙爆发内部动乱，西班牙国王遭到人民的唾弃。拿破仑于是乘机入侵了西班牙，并让其长兄约瑟夫·波拿巴（Joseph Bonaparte）成为西班牙国王。但是这个举动遭到了西班牙人的反对，拿破仑根本无法平息当地的暴动。英国在 1808 年介入西班牙争端，英军 8 月 8 日登陆蒙得戈湾，8 月 30 日占领了整个葡萄牙。之后他们在当地民族主义者的支持下，逐步将法军赶出了伊比利亚半岛。

正当拿破仑陷入西班牙泥潭之际，1809 年初第五次反法同盟组成。奥地利在背后偷袭法在德国的领土，拿破仑被迫退出西班牙，率军东征。奥地利军队虽然一开始取得优势，但是拿破仑很快就转败为胜，迫使奥地利再次割让土地。

到了 1811 年末，法俄关系已经开始恶化，俄国沙皇亚历山大一世拒绝继续与法国合作抗英，最后战争爆发。拿破仑率领 50 万大军进入俄罗斯。俄军采取了撤退不抵抗的战术，直到 1812 年 9 月 12 日法军历经博罗迪诺的血腥战役（法军有 7 万人阵亡和重伤）后，进入莫斯科。拿破仑本以为亚历山大一世将会妥协，未料到迎接他的却是莫斯科全城的大火。而此时在国内又有人策划了一次失败的政变，令他不得不赶回法国，最后回到法国的只有 1 万人。

战败、流放、百日政权与滑铁卢

1813 年英国、俄国、普鲁士和奥地利组成了第六次反法同盟，双方在德国境内多次激战。虽然法军取得了多次胜利，但是针对拿破仑的压力却是越来越大，直到 10 月的莱比锡之战法军被击溃，各附庸国也纷纷脱离法国独立，同盟军开始向巴黎挺进。1814 年 3 月 31 日，巴黎被占领，同盟军要求法国无条件投降，同时拿破仑必须退位。1814 年 4 月 13 日拿破仑在巴黎枫丹白露宫签署退位诏书，此前两天拿破仑宣布无条件投降。拿破仑本人在退位后被流放到地中海上的一个小岛厄尔巴岛。拿破仑保留了"皇帝"的称号，可是他的领土只局限在那个小岛上。

拿破仑在往厄尔巴岛的路上几乎被暗杀，自己也尝试自杀未遂。而在巴黎，路易十八回到法国，重新成为法国国王，波旁王朝复辟。拿破仑的妻子和儿子被奥地利人囚禁，还有传闻说拿破仑将被流放到大西洋上的一个小岛，这一切令拿破仑别无选择，最后在 1815 年 2 月 26 日逃出小岛，3 月 1 日回到法国。本来被派来阻止他的法国军队转而继续支持拿破仑。3 月 20 日拿破仑回到巴黎，此时他已经拥有一个 14 万人的正规军和 20 万人的志愿军，百日王朝开始。

但是好景不长，欧洲各国迅速组成第七次反法同盟。1815 年 6 月 18 日拿破仑的军队在比利时滑铁卢之役中全军覆没，7 月 15 日他正式投降，被流放圣赫勒拿岛。1821 年 5 月 5 日，拿破仑在岛上去世，5 月 8 日在礼炮声中这位征服者被葬在圣赫勒拿岛上的托贝特山泉旁。直至今日，拿破仑的死因还是众说纷纭，英国医生的验尸报告显示他是死于严重胃溃烂，但新的研究认为拿破仑死于砷中毒。

他去世后九年，新的奥尔良王朝在人民的压力之下将拿破仑的塑像重新竖立在旺多姆圆柱上。1840 年，法国七月王朝的路易·菲利浦派其儿子将拿破仑的遗体接回。该年 12 月 15 日，拿破仑的灵柩被运回巴黎，在经过凯旋门后安葬到塞纳河畔的老残军人退休院（即荣誉军人院）。

卡尔·冯·克劳塞维茨

卡尔·冯·克劳塞维茨（1781年－1831年），普鲁士将军，军事理论家。

克劳塞维茨出生在普鲁士马格德堡的一个贵族家庭，12岁时就参加了普鲁士军队，13岁就第一次走上了战场。1803年从柏林普通军校毕业后担任奥古斯特亲王的副官。在1808年，克劳塞维茨进入到格哈德·冯·沙恩霍斯奠基的普军总参谋部中任职。当时法国大革命及拿破仑的军事行动使普鲁士内部也涌动着改革的潮流，这场变革与沙恩霍斯特、威廉·冯·洪堡、施泰因、哈登堡等人的名字紧紧相连，克劳塞维茨所在的普鲁士总参谋部自然成为了军事改革的先锋。克劳塞维茨在1812年发表了名为《三个信条》的日耳曼民族解放纲领，在其中表达了改革派联合俄国，抗击拿破仑的观点。就在1812年5月克劳塞维茨来到俄国军队，在俄国抵抗拿破仑进攻的卫国战争中克劳塞维茨参加了奥斯特洛夫斯诺、斯摩棱斯克、博罗金诺等会战，担任过柏林骑兵军与乌瓦洛甫骑兵军的作战军官。1814年回到普鲁士军队，1818年出任柏林军官学校校长并晋升为将军。

1801年秋，他被送入柏林军官学校，因学习成绩优异，深得校长香霍斯特的赏识。香霍斯特是以后普鲁士军事改革的倡导者，克劳塞维茨的思想和以后的活动受他的影响很大。在一次谈话中，香霍斯特敏锐地发现眼前这位和自己有着相近之处的朴实青年，头脑中潜存着非凡的天资。克劳塞维茨向香霍斯特坦率地承认了自己知识的不足，香霍斯特给了他巨大的精神鼓励。两位地位、年龄悬殊的人开始建立起牢不可破的纯真友谊，并在事业上互相给予坚强的支持。克劳塞维茨在后来谈起香霍斯特时满怀深情地说："他是我精神上的父亲和朋友。"

1803 年春，他在该校毕业后，被香霍斯特推荐为奥古斯特亲王的副官，香霍斯特的举荐和克劳塞维茨的才华使王子毫不犹豫地选中克劳塞维茨。1803 年 8 月 8 日，克劳塞维茨被任命为副官。国王弗里德里希·威廉三世开始注意到他。他写信给这位年轻的军官说："应普鲁士斐迪南亲王的请求，朕决定，你今后留在奥古斯特亲王身边……朕望你兢兢业业，在这一职务中不辜负对你的信任。"根据这一任命，克劳塞维茨成为亲王副官，进入宫廷社会，年俸 360 塔勒。两年后，克劳塞维茨晋升为上尉。在这一段时期，他经常参加香霍斯特主办的军事协会的活动，听康德主义者基瑟韦特的哲学课，研究军事、哲学、历史和文学等著作，写了一些这方面的文章。

1806 年 10 月普鲁士同法国作战时，他随奥古斯特亲王所率的步兵营参加了奥尔施塔特会战，退却时在普伦次劳被法军俘虏。1807 年 10 月释放回国后，根据亲身的体验，力主改革普鲁士的军事制度。1808 年到科尼斯堡（仍为奥古斯特亲王的副官），积极参加香霍斯特主持的军事改革工作，结识了军事改革委员会成员格乃泽瑙、博因等人。1809 年秋回到柏林，后来进总参谋部，在香霍斯特属下工作。1810 年升为少校。

1810 年秋，任柏林军官学校教官，同时为王太子（即以后的威廉四世）讲授军事课，前后共两年。1810 年年底，与相恋多年的布吕尔伯爵的女儿玛丽结婚。

1812 年 4 月，克劳塞维茨因反对普王威廉三世同拿破仑结成同盟而辞去普鲁士军职，去俄国准备参加反拿破仑的战争。先在俄军参谋部任职，领中校衔，后任军参谋长等职。当拿破仑进攻俄国时，他曾参加斯摩棱斯克争夺战和博罗迪诺会战等。以后随维特根施坦军团参加了对拿破仑的追击。12月，作为俄军联络官，同普鲁士军队的指挥官约克谈判，说服他反对拿破仑。1813年3月随维特根施坦军团回到柏林。9月格尔德战斗获胜后升为上校。1814年回到普鲁士军队，由于曾辞去军职，并说服约克倒戈，他始终没有得到国王的原谅，并遭到冷落。1815年任布留赫尔军团第三军参谋长，参加过林尼会战等战斗。

1815年秋在科布伦次任莱茵军团参谋长（格乃泽瑙为司令），利用空闲时间总结拿破仑战争的经验，从事战争理论的研究工作。

1818年任柏林军官学校校长。9月升为少将。在任校长的十二年间，致力于《战争论》的著述工作。他先后研究过一百三十多个战例，写了许多评论战史的文章，并整理了亲身经历的几次战争的经验。1830年春调到炮兵部门工作。当时，《战争论》尚未修订完毕，他将手稿三千多页分别包封起来，并在各个包上贴上标签，准备以后修改，但一直没有得到机会。

1830年8月去布勒斯劳任第二炮兵监察部总监，同年12月调任格乃泽瑙军团的参谋长。1831年11月16日患霍乱逝世。死后，他的妻子玛丽整理出版了《卡尔·冯·克劳塞维茨将军遗著》，共分十卷，《战争论》是其中的第一、二、三卷。

起初，《战争论》的出版并没有引起什么波动，它仅仅在一个小圈子里流传，克劳塞维茨的朋友都很欣赏他的理论，这些人包括陆军元帅冯·格赖泽瑙、陆军元帅冯·博因以及近卫军军长冯·格勒本将军等人，尤其是冯·格勒本伯爵，他利用自己的威望，努力使总参谋部对克莱塞维茨的理论产生兴趣，为克氏理论的推广奠定了基础。真正使《战争论》名噪天下的是德国统一的功臣之一、第二帝国的名将陆军元帅冯·毛奇，他在晚年接受法国记者的一次采访中说，《战争论》是给他最深刻影响的几本书之一。从此《战争论》在德国总参谋部和军队中得到了肯定无疑的公认，并熏陶着德国一代又一代的军人。

也有不少人对《战争论》提出了质疑，比如它完全不重视海军。但是，任何一个人都会受到他所处环境的限制，从来就不存在完美的学说，一如从来就没有完美的人，有不如人意的地方是可以理解的，这并不能影响《战争论》的学术价值。

克劳塞维茨的战略：

一、战争是政治的继续。克劳塞维茨认为，战争就如同一条变色龙，每一次战争都有其自己的特色，千变万化，各不相同。但战争的暴烈性、战争的概然性和偶然性却是其根本属性之一。从战争与政治的关系看，政治是战争的母体。在任何情况下，都不应把战争看成独立的东西，而要看作是政治的工具，是为政治服务的。军事观点必须服从于政治观点。任何企图使政治观点从属于军事观点的做法都是错误的。战争爆发之后，并未脱离政治，仍是政治交往的继续，是政治交往通过另一种手段的实现，是打仗的政治，是以剑代笔的政治。

二、战争的目的就是消灭敌人。克劳塞维茨认为，战争的政治目的即是消灭敌人，而消灭敌人必然要通过武力决战，通过战斗才能达到，它是一种比其他一切手段更为优越、更为有效的手段。消灭敌人包括物质力量和精神力量两个方面。当然，消灭敌人并不意味着蛮干。有勇无谋的硬干，不仅消灭不了敌人的军队，反而会使自己的军队被敌人消灭。

三、战略包括精神、物质、数学、地理、统计五大要素。精神要素指精神力量及其在军事行动中的作用。物质要素指军队的数量、编成、各兵种的比例等。数学要素指战线构成的角度、向心运动和离心运动等。地理要素指制高点、山脉、江河、森林、道路等地形的影响。统计要素指一切补给手段等。克劳塞维茨认为："这些要素在军事行动中大多数是错综复杂并紧密结合在一起的。"其中精神要素占据首位，影响战争的各个方面，贯穿于战争始终。"物质的原因和结果不过是刀柄，精神的原因和结果才是贵重的金属，才是真正锋利的刀刃。"

四、战略战术的基本原则。克劳塞维茨认为，数量上的优势在战略战术上都是最普遍的制胜因素。虽然在实际作战时，通常不可能处处形成优势，但必须在决定点上通过巧妙调遣部队，造成相对优势。一切军事行动或多或少的以出其不意为基础，才能取得优势地位，使敌人陷入混乱和丧失勇气，从而成倍地扩大胜利的影响。战略上最重要而又最简单的准则是集中优势兵力。用于某一战略目的的现有兵力应同时使用，越是把一切兵力集中用于一次行动和一个时刻越好。会战是战争的真正重心，由几个战斗所形成的大规模会战能有效地消灭敌军，所取得的成果最大，故高级将领应当重视这种双方主力之间的战争，视其为挫败敌国交战意志的重要手段。

五、战争中的攻防。克劳塞维茨认为，进攻和防御是战争中的两种基本作战形式。二者是相互联系、相互转化的。整体为防御，局部可能为进攻。进攻中含有防御因素，防御中也含有进攻因素。进攻可转变为防御，防御也可以转变为进攻。一般说来，防御有离自己的兵员和物资补给地较近，能依靠本国民众的有利条件，但它的目的是消极据守。进攻具有"占领"这一积极目的，并通过占领来增加自己的作战手段。

六、要积极向战史学习。克劳塞维茨认为，战争理论是成长于战争经验土壤里的果实。战史是最好的、最有权威、最能说服人的教师。战争理论和原则的提出，应当在研究战史的基础上进行。当然，战争理论也要随着时代和军队的变化而变化，要适应特定国家的需要，具有时代的特点。

杜　黑

杜黑，1869 年 5 月 30 日出生于意大利南部那不勒斯以北 23 公里处一个名字叫卡塞塔的小镇。他出身于军人世家，家中几代都为萨伏依王室服务。由于受家庭熏陶，他自幼立志继承父业，从军习武。意大利著名军事理论家、制空权理论的倡导者。他曾以敏锐的眼光看到了飞机对未来战争的影响，并首先系统地提出了制空权理论，从而在世界军事理论家之林占据了不可动摇的一席。杜黑的制空权理论对两次世界大战之间各国的空军建设，尤其对轰炸机的发展有过重要的影响。然而他却曾因思想先进不被人接受，经历了牢狱之灾。

学习阶段

他先是进入都灵军事工程学校学习，由于学习刻苦，成绩优异，1888 年毕业时，被直接授予炮兵中尉军衔，时年 19 岁。后来，杜黑又进入陆军大学学习，研究有关现代战争的战略战术以及战争中的后勤问题。毕业后，他被派到陆军许多岗位上工作。

出任官职

无论在哪里，他都致力于科学技术与军事应用相结合。深厚的科技知识和军事知识功底，使他工作成绩十分突出，很快就晋升为上尉，并调到陆军参谋部工作。20 世纪初，他受命参加研究意大利军队的机械化问题，预见到飞机在军事上将有重大的作用，从此走上了一条探索研究空军理论的坎坷人生之路。

1912 年他出任意大利第一个航空营营长的助手。在当年的最后几个月中，他经过大量细致的调查研究，向陆军部递交了一纷关于航空兵的研究报告，通常称之为"杜黑报告"，他在这篇报告中详细论述了组建空军的必要性以及空军的组织结构、飞机和人员的数量等等。这篇报告中的几乎所有结论后来都为陆军部所接受，并成为意大利空军建设的基本框架。随后到 1915 年，他一直担任航空营营长。1915 年 5 月意大利参加第一次世界大战时，任师参谋长。杜黑多次建议组织 500 架轰炸机的航空队参战，轰炸奥军后方以夺取胜利，但遭到最高军事当局的拒绝。

被判入狱

杜黑对军事当局不能正确使用空中力量的做法日益不满，批评也越来越尖锐。最后，他向最高当局提交了一份书面报告，严厉指责意大利陆军司令指挥无能，对战争毫无准备，致使意大利不能取得胜利。这份报告激怒了最高当局。1916 年 9 月 16 日，他被解除职务并被送上军事法庭。10 月，军事法庭认定杜黑犯有泄露军事情报罪，判处他 1 年监禁，并罚款。

理论成形

提出一个新的思想、创立一个新的学说非常困难，而让人们普遍接受一种新思想、新学说就更加困难。然而，菲纳斯第尔监狱的高墙、铁门并没有使一心探求空中战略理论的杜黑向他的反对派低头。他利用在狱中的时间，给政府和军队中的当权者写信，陈述自己对发展意大利航空兵的建议。同时，他深入思考了协约国的战略问题。1917 年 6 月，杜黑提出了明确而完整的战略轰炸理论。他认为，敌人强有力的防御，已使运用协约国陆军进行突破的任何希望成为泡影。因此，他主张，最好的方法是夺取制空权，然后摧毁敌人生死攸关的部分，包括敌人的供给源和人民的抵抗意志；敌人会由于工业潜力被摧毁而屈膝投降。在获释的前几天，他给意大利内阁写了一封长信，建议组成一支统一的协约国航空兵部队去攻击敌人国土。从 8 月 2 日起，意大利陆军使用卡普洛尼式轰炸机对奥匈帝国进行了十几次空袭，相当成功。杜黑获悉此事，即刻写信给卡普洛尼，以示祝贺。

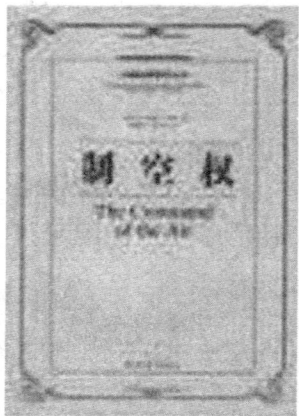

　　1917 年 11 月，意军在卡波雷托战役惨败。事后，意大利政府调查战败原因，认为杜黑当年对统帅部的批评是正确的，1918 年为其恢复名誉，同年 1 月出任意大利陆军航空署主任。但不久，他体会到军队中保守势力强大，因此选择退役。1920 年初，意大利军事法庭开庭审议杜黑的上诉，很快做出判决，完全免除杜黑先前的罪名，为其公开平反昭雪。此后，他便将全部精力投入到总结一战的经验教训、创立空军战略理论的研究工作之中。1921 年，在意大利陆军司令迪亚斯和陆海军部的支持下，他的第一部著作《制空权》一书正式出版发行，这标志着他的空军战略理论终于创立了。他很快就被重新邀请回到军队，并被授予少将军衔。1922 年，他参加了墨索里尼组织的"向罗马进军"的行动。墨索里尼夺得政权后，邀请他出任意大利航空部部长。由于不愿为政务缠身而妨碍自己自由发表见解，于 6 月 4 日离开了他曾想尽职终生的军队，成为一名普通老百姓。专事空军理论的研究，先后出版了《未来战争的可能面貌》、《扼要的重述》、《一九××年的战争》等有关空军建设和运用的论著，在与各种不同意见的争论中，不断发展和完善了他所创立的空军战略学说。《制空权》流传较广，主要论述空中战争、空军的组织、制空权、独立航空与辅助航空、军用航空与民用航空等。杜黑根据飞机在第一次世界大战中的运用，第一个比较系统地提出空军建设和作战的理论。杜黑的理论，对两次世界大战之间各国的空军建设，尤其对轰炸机的发展曾有过重要影响。实践证明，他的一些观点直到今天仍然值得重视。但他夸大空军的作用，认为单靠空军轰炸就能赢得战争胜利，则是错误的，（1999年，美国对南斯拉夫的空袭是"不对称战争"，也就表明在"不对称"情况下，完全可以依靠空军取得胜利。但在双方力量均等的情况下，空军强大的握有优势。）但是联系当时的实际情况，杜黑对于空军作用的过分夸大不过是为了引起当局对于《制空权》理论的足够重视，却也无可厚非。

伟人逝世

1930年2月15日，空军理论巨匠、空军战略学说创始人杜黑因病在罗马悄然离开人世，享年61岁。

富　勒

富勒（John Frederick Charles Fuller）（1878－1966），英国军事理论家和军事史学家。参加过第一次世界大战。历任坦克部队参谋长、参谋学院主任教官、英军总参谋长助理、野战旅旅长，获少将军衔。他一生著述颇多，涉及的军事领域也十分广泛，先后研究过步兵战术、机械化战争理论、国际政治和国家防务以及军事历史等。不过他最重要的理论贡献还是在机械化战争论方面。著有《西洋世界军事史》、《装甲战》等30余种军事著作。

"丑小鸭"变成"白天鹅"

富勒从小没有接受多少正规教育,在上学期间成绩就很不好。考虑到这些实际情况和他的未来前途,在富勒18岁的时候,他的父亲想方设法给他找了一个桑赫斯特皇家军事学院的入学考试名额。虽然基础很差,但经过一年"填鸭"式的文化补习后,富勒居然顺利通过了学院的考试,但是这样还并不能取得桑赫斯特皇家军事学院的后备军官的学生资格。富勒在身高、体重等方面都未能达到学校的要求。已经19岁的富勒这时身高才1.63米,体重也只有51公斤,大家都叫他"丑小鸭"。这时学校虽然允许富勒参加课程学习,但要求他必须在学业结束前达到相关要求,否则将取消他的候补军官资格。

"丑小鸭"的绰号和学校的种种要求刺痛了富勒的自尊心,也激起了他的斗志。他决定要一边锻炼身体,一边发奋读书。在校期间,富勒如饥似渴地阅读了大量人文学科的著作,哲学、艺术、历史、文学等方面无不涉猎。其涉猎之广、数目之多即使在今天来看,也是令人吃惊的。

经过不懈的努力,富勒不仅在学业上达到了学校的要求,而且身体素质也有了明显的提高。一年后,英国陆军修改了后备军官在身高、体重等方面的要求,富勒都达到了标准。"丑小鸭"终于变成了"白天鹅"。

放弃少将军衔

1918年,富勒被调到英军总参谋部主管坦克部门的工作。当时他已经40岁了,却还扛着一副中校肩章。在总参谋部中校无疑是低级军官。与富勒资历相同的,有些比他年龄小的都已经升为少将。而以当时富勒的经验、能力和资历,他已经具备了少将资格。为什么他没有被升为少将呢？

在这年年初的时候，英国陆军司令部曾考虑过让富勒出任旅长。这是一个可以提升为少将的职务，但当时总参谋部出于富勒在坦克战方面的理论建树和丰富实践经验的考虑，也准备让他出任总参谋部主管坦克的参谋，而一个参谋想要提升到少将几乎是不可能的。在面临选择时，富勒有些犹豫了，毕竟将军军衔对于一名军人来说是一个极为崇高的荣誉。富勒斟酌再三，还是选择了后者。因为他很清楚，研究装甲战理论，从事军事历史的钻研，才是他一生要为之奋斗的事业。担任主管坦克的参谋将会对他的研究有帮助，而出任旅长将会使他离自己的理想越来越远。在人生的关键时刻，富勒把握住了自己的命运。不然的话，也许英军会因此多一名优秀的旅长，但西方军事史上却会少一位伟大的军事思想家。

执迷不悟

还是在年轻的时候，富勒就与一些右翼政治团体的知识界人士关系密切。他参加了他们的许多活动，思想上受到了很大的影响。1930年富勒退休之后，与这些政治团体的关系又明显亲近起来。1932年，富勒应邀给"新大不列颠联盟"讲课。这是一个具有严重法西斯倾向的政治组织。在当时英国民主失衡、四处弥漫着沮丧气氛的环境下，这个组织确实也有一定的市场。

1934年，富勒走出了更加错误的一步。他正式加入了由"新大不列颠联盟"改组后形成的"大不列颠法西斯联盟"。也就是从这时起，他公开认可法西斯主义的一些思想，包括法西斯对犹太人的态度。他在自己的一些文章中也对犹太人进行了谴责。

30年后，富勒为自己这个时期的行为申辩，抱怨人们错误地理解了他的政治观点。他说："我并不反对民主政治。我反对的只是过于泛滥的选举，因为这既不负责任，又缺乏良好的组织。我之所以部分认可法西斯理论，其中一个原因是，他们与我一样都主张建设机械化军队。"

此时，富勒依然没有认清法西斯的本质，只是仅仅看到了法西斯主义很表面的一层，这与他政治思想幼稚、秉性偏激不无关系。像富勒这样一位著名的军事思想家，纵然他在理论上有很高的建树，但他在政治上步入歧途，也会给他的人生历程留下不光彩的一笔。

基本思想

富勒学说的基本思想是：在人类有目的的活动中，道德和法是不可分的。为了正确认识法和道德的关系，首先应分清愿望的道德和义务的道德。前者指充分实现幸福生活和人的力量的道德，后者指社会生活的基本要求。法和义务的道德十分相似，而和愿望的道德并无直接联系；法无法迫使一个人达到他力所不及的优良程度。

富勒认为法是使人的行为服从规则治理的事业。他把法当作一种活动，一种有目的的和不断努力的事业，其成功有赖于处理法的人，因而法也就注定不能完全实现自己的目的；而反对这种观点者则认为法是社会权力，只研究法现在是什么和做什么，而不是去研究法打算做什么或变成什么。

后世评价

西方法学界认为富勒是第二次世界大战后最权威的法律哲学家之一。他的新自然法学说，主要涉及他所说的自然法的程序法。70年代初 J. B. 罗尔斯的学说出现，富勒的学说已不如过去流行。